Cornish Verbs

in the

Standard Written Form

Verbow Kernewek y'n FSS
Tony Hak 2019

Cornish Verbs in the SWF
Tony Hak 2019

Dyllans kyns yn Kernewek Kemmyn (ISBN 978-1-902917-90-0)

1a dyllans gans Ray Edwards 1995
2a dyllans 2002
3a dyllans 2010

Previous edition in Kernewek Kemmyn (ISBN 978-1-902917-90-0)

1st edition 1995 by Ray Edwards
2nd edition 2002
3rd edition 2010

British Library Cataloguing-in Publication Data:
A catalogue record of this book is available from the British Library.

Pryntys ha kelmys gans Book Printing UK.
Printed and bound by Book Printing UK.

Desin an gudhlen gans Esther Johns
Cover design by Esther Johns

ISBN 978-1-908965-33-2

Rager

Dres lies bledhen studhyoryon a Gernewek re fydhyas yn *Verbow Kernewek* gans Ray Edwards ha *Cornish Verbs,* dyllys gans Kesva an Taves Kernewek, a veu selys war ober Ray, rag kavos an furv ewn a verb a vynsons y dhevnydhya. An oberow ma a veu dyllys yn Kernewek Kemmyn ha hwath askorrans heb par yns rag devnydhyoryon an lytherenieth na.

Byttegyns yn 2008 lytherenieth nowydh a veu displegys rag Kernewek – an Furv Skrifys Savonek (FSS). A-dhia nena ny's teva studhyoryon a Gernewek ow tevnydhya an FSS dewis marnas usya an lyvrow yn Kernewek Kemmyn ha treuslytherenna formow an verbow y'n FSS aga honan. Ny veu es rag lies studhyer.

Dres an deg bledhen a-dhia dhisplegyans an FSS y feu moghheans bras yn niver a glassow orth hy dyski, ha rag henna yn niver a dhyskadoryon ha studhyoryon orth hy usya. Lies Kerneweger a dhevnydhya lytherenieth aral kyns re's degemeras, ha devnydhys yw yn lies rann a'n bewnans poblek, skoodhys gans Konsel Kernow.

Heb marth, ytho, re bia dres termyn hir edhom a, ha galow rag, versyon a *Cornish Verbs* skrifys y'n FSS. Medrys yw an dyllans ma orth kollenwel an edhom na. Selys yn fyrv yw war an versyon a *Cornish Verbs* yn Kernewek Kemmyn mes yma moy a verbow yw skrifys yn leun y'n dyllans ma rag aswon rewlys lytherennans an FSS.

Nyns yw es provredya lyver a'n par ma ha rag henna synsys ov dhe Esmé Tackley ha Roger Courtenay a aspias, der aga dewlagas er, ow hammskrifow. Dhe vlamya yn tien ov mars eus nebes gesys. My a wor ynwedh gras dhe'n lies den ha dhedha skolheygieth re wrug dhe askorrans an lyver ma bos possybyl dres an bledhynnyow, mes yn arbennik gonn meur ras dhe Ray Edwards a wrug dhe'n bel dalleth rolya.

Tony Hak, mis Hwevrer 2019

Foreword

For many years students of Cornish have relied on Ray Edwards' *Verbow Kernewek* and the Cornish Language Board's *Cornish Verbs*, which was based on Ray's work, to find the correct form of a verb they wished to use. These works were published in Kernewek Kemmyn and are still an invaluable resource for users of that spelling system.

However, in 2008 a new spelling system was developed for Cornish – the Standard Written Form (SWF). Since then students of Cornish using the SWF have had no option but to use the Kernewek Kemmyn books and to convert the verb forms to SWF themselves. For many students this has not been easy.

In the ten years since the development of the SWF there has been a large increase in the number of classes teaching it, and therefore the number of teachers and students using it. Many Cornish speakers who previously used another spelling system have adopted it, and it is used in many areas of public life, supported by Cornwall Council.

Not surprisingly, therefore, there has long been a need and a call for a version of *Cornish Verbs* written in the SWF. This edition is aimed at satisfying that need. It is based very firmly on the Kernewek Kemmyn version of *Cornish Verbs* but there are more verbs listed in full in this edition to take account of the spelling rules of the SWF.

It is not easy to proofread a book like this and I am therefore indebted to Esmé Tackley and Roger Courtenay whose eagle eyes spotted my mistakes. I am entirely to blame for any that remain. My thanks also to the many people whose scholarship over the years has made the production of this book possible, but in particular to Ray Edwards who started the ball rolling.

Tony Hak, February 2019

Synsas

Contents

	page
Paradigm of a regular verb	5
290 verbal paradigms	6
Notes for further study	296
Alphabetical list of 1433 verbs	297

The verb in Cornish

*The principal meanings of the various moods and tenses of the verb in Cornish are illustrated by the regular verb '**prena**', '**to buy**'. For the full range of meanings and uses of the particles consult 'A Grammar of Modern Cornish' by Wella Brown. The mutations given, in the conjugated verbs that follow, show the possible forms in which the verb **may** be found. Some of the given mutations are obscure or even impossible.*

present participle: ow prena *buying* — *past participle*: prenys *bought*

mutations	2 bren	3 fren	4 pren	5 pren	5^+ pren

Indicative: present/Indicative: future

prenav	*I buy/shall buy*
prenydh	*you buy/will buy*
pren	*(s)he buys/will buy*
prenyn	*we buy/shall buy*
prenowgh	*you buy/will buy*
prenons	*they buy/shall buy*
prenir	*one buys/it is bought*

Indicative: imperfect

prenen	*I used to buy*
prenes	*you used to buy*
prena	*(s)he used to buy*
prenen	*we used to buy*
prenewgh	*you used to buy*
prenens	*they used to buy*
prenys	*one used to buy/it used to be bought*

Indicative: preterite/Indicative: perfect

prenis	*I bought/have bought*
prensys	*you bought/have bought*
prenas	*(s)he bought/has bought*
prensyn	*we bought/have bought*
prensowgh	*you bought/have bought*
prensons	*they bought/have bought*
prenas	*one bought/has bought/it was bought/has been bought*

Indicative: pluperfect/Conditional

prensen	*I had bought/should buy*
prenses	*you had bought/would buy*
prensa	*(s)he had bought/would buy*
prensen	*we had bought/should buy*
prensewgh	*you had bought/would buy*
prensens	*they had bought/would buy*
prensys	*one had bought/would buy/it had been/would have been bought*

Subjunctive: present

prenniv	*that I may buy*
prenni	*that you may buy*
prenno	*that (s)he may buy*
prennyn	*that we may buy*
prennowgh	*that you may buy*
prennons	*that they may buy*
prenner	*that one may buy/it may be bought*

Subjunctive: imperfect

prennen	*that I might buy*
prennes	*that you might buy*
prenna	*that (s)he might buy*
prennen	*that we might buy*
prennewgh	*that you might buy*
prennens	*that they might buy*
prennys	*that one might buy/it might be bought*

Imperative

-	
pren	*buy!*
prenes	*let him/her buy!*
prenyn	*let us buy!*
prenewgh	*buy!*
prenens	*let them buy!*
-	

Adhvesi (*to ripen*)

present participle: owth adhvesi

past participle: adhvesys

mutations - - - - -

Indicative

present
adhvesav
adhvesydh
adhves
adhvesyn
adhvesowgh
adhvesons
adhvesir

imperfect
adhvesyn
adhvesys
adhvesi
adhvesyn
adhvesewgh
adhvesens
adhvesys

preterite
adhvesis
adhvessys
adhvesas
adhvessyn
adhvessowgh
adhvessons
adhvesas

pluperfect
adhvessen
adhvesses
adhvessa
adhvessen
adhvessewgh
adhvessens
adhvessys

Subjunctive

present
adhvessiv
adhvessi
adhvesso
adhvessyn
adhvessowgh
adhvessons
adhvesser

imperfect
adhvessen
adhvesses
adhvessa
adhvessen
adhvessewgh
adhvessens
adhvessys

Imperative
-
adhves
adhveses
adhvesyn
adhvesewgh
adhvesens
-

Afia (*to affirm*)

present participle: owth afia			*past participle*: afiys	
mutations -	-	-	-	-

Indicative	**Subjunctive**
present	*present*
afiav	afiiv
afiydh	afii
afi	afio
afiyn	afiyn
afiowgh	afiowgh
afions	afions
afiir	afier
imperfect	*imperfect*
afien	afien
afies	afies
afia	afia
afien	afien
afiewgh	afiewgh
afiens	afiens
afiys	afiys
preterite	**Imperative**
afiis	-
afisys	afi
afias	afies
afisyn	afiyn
afisowgh	afiewgh
afisons	afiens
afias	-
pluperfect	
afisen	
afises	
afisa	
afisen	
afisewgh	
afisens	
afisys	

Afina (*to decorate*)

present participle: owth afina | *past participle*: afinys

mutations - - - - -

Indicative

present
afinav
afinydh
afin
afinyn
afinowgh
afinons
afinir

imperfect
afinen
afines
afina
afinen
afinewgh
afinens
afinys

preterite
afinis
afinsys
afinas
afinsyn
afinsowgh
afinsons
afinas

pluperfect
afinsen
afinses
afinsa
afinsen
afinsewgh
afinsens
afinsys

Subjunctive

present
afinniv
afinni
afinno
afinnyn
afinnowgh
afinnons
afinner

imperfect
afinnen
afinnes
afinna
afinnen
afinnewgh
afinnens
afinnys

Imperative
-
afin
afines
afinyn
afinewgh
afinens
-

Afydhya (*to assure*)

present participle: owth afydhya			*past participle*: afydhys/afydhyes	
mutations -	-	-	-	-

Indicative

present
afydhyav
afydhydh
afydh
afydhyn
afydhyowgh
afydhyons
afydhir

imperfect
afydhyen
afydhyes
afydhya
afydhyen
afydhyewgh
afydhyens
afydhys

preterite
afydhis
afydhsys
afydhyas
afydhsyn
afydhsowgh
afydhsons
afydhyas

pluperfect
afydhsen
afydhses
afydhsa
afydhsen
afydhsewgh
afydhsens
afydhsys

Subjunctive

present
afytthiv
afytthi
afytthyo
afytthyn
afytthyowgh
afytthyons
afytthyer

imperfect
afytthyen
afytthyes
afytthya
afytthyen
afytthyewgh
afytthyens
afytthys

Imperative

-
afydh / afydhy before pronouns 'e' and 'i'
afydhyes
afydhyn
afydhyewgh
afydhyens
-

Akordya (*to agree*)

present participle: owth akordya			*past participle*: akordys/akordyes		
mutations	-	-	-	-	-

Indicative	**Subjunctive**
present	*present*
akordyav	akortiv
akordydh	akorti
akord	akortyo
akordyn	akortyn
akordyowgh	akortyowgh
akordyons	akortyons
akordir	akortyer
imperfect	*imperfect*
akordyen	akortyen
akordyes	akortyes
akordya	akortya
akordyen	akortyen
akordyewgh	akortyewgh
akordyens	akortyens
akordys	akortys
preterite	**Imperative**
akordis	-
akordsys	akord / akordy before pronouns 'e' and 'i'
akordyas	akordyes
akordsyn	akordyn
akordsowgh	akordyewgh
akordsons	akordyens
akordyas	-
pluperfect	
akordsen	
akordses	
akordsa	
akordsen	
akordsewgh	
akordsens	
akordsys	

akordya gans/orth (*to agree with)*

Alhwedha (*to lock*)

present participle: owth alhwedha — *past participle*: alhwedhys

mutations - - - - -

Indicative

present
alhwedhav
alhwedhydh
alhwedh
alhwedhyn
alhwedhowgh
alhwedhons
alhwedhir

imperfect
alhwedhen
alhwedhes
alhwedha
alhwedhen
alhwedhewgh
alhwedhens
alhwedhys

preterite
alhwedhis
alhwedhsys
alhwedhas
alhwedhsyn
alhwedhsowgh
alhwedhsons
alhwedhas

pluperfect
alhwedhsen
alhwedhses
alhwedhsa
alhwedhsen
alhwedhsewgh
alhwedhsens
alhwedhsys

Subjunctive

present
alhwetthiv
alhwetthi
alhwettho
alhwetthyn
alhwetthowgh
alhwetthons
alhwetther

imperfect
alhwetthen
alhwetthes
alhwettha
alhwetthen
alhwetthewgh
alhwetthens
alhwetthys

Imperative
-
alhwedh
alhwedhes
alhwedhyn
alhwedhewgh
alhwedhens
-

dialhwedha *(to unlock)*

Amaya (*to dismay*)

present participle: owth amaya — *past participle*: amayys/amayyes

mutations - - - - -

Indicative	**Subjunctive**
present	*present*
amayav	amayiv
amayydh	amayi
amay	amayo
amayyn	amayyn
amayowgh	amayowgh
amayons	amayons
amayir	amayer
imperfect	*imperfect*
amayen	amayen
amayes	amayes
amaya	amaya
amayen	amayen
amayewgh	amayewgh
amayens	amayens
amayys	amayys
preterite	**Imperative**
amayis	-
amaysys	amay
amayas	amayes
amaysyn	amayyn
amaysowgh	amayewgh
amaysons	amayens
amayas	-
pluperfect	
amaysen	
amayses	
amaysa	
amaysen	
amaysewgh	
amaysens	
amaysys	

Ambosa (*to promise*)

present participle: owth ambosa			*past participle*: ambosys		
mutations	-	-	-	-	-

Indicative	**Subjunctive**
present	*present*
ambosav	ambossiv
ambosydh	ambossi
ambos	ambosso
ambosyn	ambossyn
ambosowgh	ambossowgh
ambosons	ambossons
ambosir	ambosser
imperfect	*imperfect*
ambosen	ambossen
amboses	ambosses
ambosa	ambossa
ambosen	ambossen
ambosewgh	ambossewgh
ambosens	ambossens
ambosys	ambossys
preterite	**Imperative**
ambosis	-
ambossys	ambos
ambosas	amboses
ambossyn	ambosyn
ambossowgh	ambosewgh
ambossons	ambosens
ambosas	-
pluperfect	
ambossen	
ambosses	
ambossa	
ambossen	
ambossewgh	
ambossens	
ambossys	

darambosa (*to stipulate*)

ambosa dhe/orth (*to promise to*)

Amma (*to kiss*)

present participle: owth amma			*past participle*: ymmys		
mutations	-	-	-	-	-

Indicative	**Subjunctive**
present	*present*
ammav	ymmiv
ymmydh	ymmi
amm	ammo
ymmyn	ymmyn
ymmowgh	ymmowgh
ammons	ammons
ymmir	ammer
imperfect	*imperfect*
ymmyn	ammen
ymmys	ammes
ymmi	amma
ymmyn	ammen
ammewgh	ammewgh
ammens	ammens
ymmys	ymmys
preterite	**Imperative**
ymmis	-
ymsys	amm
ammas	ammes
ymsyn	ymmyn
ymsowgh	ammewgh
amsons	ammens
ammas	-
pluperfect	
amsen	
amses	
amsa	
amsen	
amsewgh	
amsens	
amsys	

amma dhe nebonan (*to kiss someone*)

Anedhi (*to dwell)*

present participle: owth anedhi — *past participle*: anedhys

mutations - - - - -

Indicative

present
anedhav
anedhydh
anedh
anedhyn
anedhowgh
anedhons
anedhir

imperfect
anedhyn
anedhys
anedhi
anedhyn
anedhewgh
anedhens
anedhys

preterite
anedhis
anedhsys
anedhis
anedhsyn
anedhsowgh
anedhsons
anedhas

pluperfect
anedhsen
anedhses
anedhsa
anedhsen
anedhsewgh
anedhsens
anedhsys

Subjunctive

present
anetthiv
anetthi
anettho
anetthyn
anetthowgh
anetthons
anetther

imperfect
anetthen
anetthes
anettha
anetthen
anetthewgh
anetthens
anetthys

Imperative

-
anedh
anedhes
anedhyn
anedhewgh
anedhens
-

Anella (*to breathe*)

present participle: owth anella			*past participle*: anellys		
mutations	-	-	-	-	-

Indicative	**Subjunctive**
present	*present*
anellav	anelliv
anellydh	anelli
anell	anello
anellyn	anellyn
anellowgh	anellowgh
anellons	anellons
anellir	aneller
imperfect	*imperfect*
anellen	anellen
anelles	anelles
anella	anella
anellen	anellen
anellewgh	anellewgh
anellens	anellens
anellys	anellys
preterite	**Imperative**
anellis	-
anelsys	anell
anellas	anelles
anelsyn	anellyn
anelsowgh	anellewgh
anelsons	anellens
anellas	-
pluperfect	
anelsen	
anelses	
anelsa	
anelsen	
anelsewgh	
anelsens	
anelsys	

esanella *(to exhale)*
ronkanella (*to wheeze*)
ynanella (*to inhale*)

Ankevi (*to forget*)

present participle: owth ankevi			*past participle*: ankevys		
mutations	-	-	-	-	-

Indicative

present
ankovav
ankevydh
ankev
ankevyn
ankevowgh
ankevons
ankevir

imperfect
ankevyn
ankevys
ankevi
ankevyn
ankevewgh
ankevens
ankevys

preterite
ankevis
ankevsys
ankovas
ankevsyn
ankevsowgh
ankovsons
ankovas

pluperfect
ankovsen
ankovses
ankovsa
ankovsen
ankovsewgh
ankovsens
ankovsys

Subjunctive

present
ankeffiv
ankeffi
ankoffo
ankeffyn
ankeffowgh
ankoffons
ankoffer

imperfect
ankoffen
ankoffes
ankoffa
ankoffen
ankoffewgh
ankoffens
ankeffys

Imperative

-
ankov
ankeves
ankevyn
ankevewgh
ankevens
-

Ankombra (*to embarrass*)

present participle: owth ankombra — *past participle*: ankombrys

mutations	-	-	-	-	-

Indicative

present
ankombrav
ankombrydh
ankomber
ankombryn
ankombrowgh
ankombrons
ankombrir

imperfect
ankombren
ankombres
ankombra
ankombren
ankombrewgh
ankombrens
ankombrys

preterite
ankombris
ankombersys
ankobras
ankombersyn
ankombersowgh
ankombersons
ankombras

pluperfect
ankombersen
ankomberses
ankombersa
ankombersen
ankombersewgh
ankombersens
ankombersys

Subjunctive

present
ankompriv
ankompri
ankompro
ankompryn
ankomprowgh
ankomprons
ankomprer

imperfect
ankompren
ankompres
ankompra
ankompren
ankomprewgh
ankomprens
ankomprys

Imperative

-
ankomber
ankombres
ankombryn
ankombrewgh
ankombrens
-

Apposya (*to examine*)

present participle: owth apposya			*past participle*: apposys/apposyes	
mutations -	-	-	-	-

Indicative	**Subjunctive**
present	*present*
apposyav	appossiv
apposydh	appossi
appos	appossyo
apposyn	appossyn
apposyowgh	appossyowgh
apposyons	appossyons
apposir	appossyer
imperfect	*imperfect*
apposyen	appossyen
apposyes	appossyes
apposya	appossya
apposyen	appossyen
apposyewgh	appossyewgh
apposyens	appossyens
apposys	appossys
preterite	**Imperative**
apposis	-
appossys	appos / apposy before pronouns 'e' and 'i'
apposyas	apposyes
appossyn	apposyn
appossowgh	apposyewgh
appossons	apposyens
apposyas	-
pluperfect	
appossen	
apposses	
appossa	
appossen	
appossewgh	
appossens	
appossys	

gorthapposya (*to cross-examine*)

Aras (*to plough*)

present participle: owth aras			*past participle*: erys		
mutations	-	-	-	-	-

Indicative	**Subjunctive**
present	*present*
arav	yrriv
erydh	yrri
ar	arro
eryn	yrryn
erowgh	yrrowgh
arons	arrons
erir	arrer
imperfect	*imperfect*
aren	arren
ares	arres
ara	arra
aren	arren
arewgh	arrewgh
arens	arrens
erys	yrrys
preterite	**Imperative**
eris	-
ersys	ar
aras	ares
ersyn	eryn
ersowgh	erewgh
arsons	arens
aras	-
pluperfect	
arsen	
arses	
arsa	
arsen	
arsewgh	
arsens	
ersys	

Arethya (*to make a speech*)

present participle: owth arethya		*past participle*: arethys/arethyes		
mutations -	-	-	-	-

Indicative

present
arethyav
arethydh
areth
arethyn
arethyowgh
arethyons
arethir

imperfect
arethyen
arethyes
arethya
arethyen
arethyewgh
arethyens
arethys

preterite
arethis
arethsys
arethyas
arethsyn
arethsowgh
arethsons
arethyas

pluperfect
arethsen
arethses
arethsa
arethsen
arethsewgh
arethsens
arethsys

Subjunctive

present
aretthiv
aretthi
aretthyo
aretthyn
aretthyowgh
aretthyons
aretthyer

imperfect
aretthyen
aretthyes
aretthya
aretthyen
aretthyewgh
aretthyens
aretthys

Imperative

-
areth / arethy before pronouns 'e' and 'i'
arethyes
arethyn
arethyewgh
arethyens
-

Argemynna (*to advertise*)

present participle: owth argemynna			*past participle*: argemynnys		
mutations	-	-	-	-	-

Indicative	**Subjunctive**
present	*present*
argemynnav	argemynniv
argemynnydh	argemynni
argemmyn	argemynno
argemynnyn	argemynnyn
argemynnowgh	argemynnowgh
argemynnons	argemynnons
argemynnir	argemynner
imperfect	*imperfect*
argemynnen	argemynnen
argemynnes	argemynnes
argemynna	argemynna
argemynnen	argemynnen
argemynnewgh	argemynnewgh
argemynnens	argemynnens
argemynnys	argemynnys
preterite	**Imperative**
argemynnis	-
argemynsys	argemmyn
argemynnas	argemynnes
argemynsyn	argemynnyn
argemynsowgh	argemynnewgh
argemynsons	argemynnens
argemynnas	-
pluperfect	
argemynsen	
argemynses	
argemynsa	
argemynsen	
argemynsewgh	
argemynsens	
argemynsys	

Argya (*to reason*)

present participle: owth argya			*past participle*: ergys/argyes		
mutations	-	-	-	-	-

Indicative	**Subjunctive**
present	*present*
argyav	yrkiv
ergydh	yrki
arg	arkyo
ergyn	yrkyn
ergyowgh	yrkyowgh
argyons	yrkyons
ergir	yrkyer
imperfect	*imperfect*
argyen	arkyen
argyes	arkyes
argya	arkya
argyen	arkyen
argyewgh	arkyewgh
argyens	arkyens
ergys	yrkys
preterite	**Imperative**
ergis	-
ergsys	arg / argy before pronouns 'e' and 'i'
argyas	argyes
ergsyn	ergyn
ergsowgh	ergyewgh
argsons	argyens
argyas	-
pluperfect	
argsen	
argses	
argsa	
argsen	
argsewgh	
argsens	
ergsys	

argya orth (*to argue with*)

Arva (*to arm*)

present participle: owth arva			*past participle*: ervys	
mutations	-	-	-	-	-

Indicative	**Subjunctive**
present	*present*
arvav	yrfiv
ervydh	yrfi
arv	arfo
ervyn	yrfyn
ervowgh	yrfowgh
arvons	arfons
ervir	arfer
imperfect	*imperfect*
arven	arfen
arves	arfes
arva	arfa
arven	arfen
arvewgh	arfewgh
arvens	arfens
ervys	yrfys
preterite	**Imperative**
ervis	-
ervsys	arv
arvas	arves
ervsyn	ervyn
ervsowgh	ervewgh
arvsons	arvens
arvas	-
pluperfect	
arvsen	
arvses	
arvsa	
arvsen	
arvsewgh	
arvsens	
ervsys	

Arwodha (*to sign*)

present participle: owth arwodha | *past participle*: arwodhys

mutations	-	-	-	-	-

Indicative

present
arwodhav
arwodhydh
arwodh
arwodhyn
arwodhowgh
arwodhons
arwodhir

imperfect
arwodhen
arwodhes
arwodha
arwodhen
arwodhewgh
arwodhens
arwodhys

preterite
arwodhis
arwodhsys
arwodhas
arwodhsyn
arwodhsowgh
arwodhsons
arwodhas

pluperfect
arwodhsen
arwodhses
arwodhsa
arwodhsen
arwodhsewgh
arwodhsens
arwodhsys

Subjunctive

present
arwotthiv
arwotthi
arwottho
arwotthyn
arwotthowgh
arwotthons
arwotther

imperfect
arwotthen
arwotthes
arwottha
arwotthen
arwotthewgh
arwotthens
arwotthys

Imperative

-
arwodh
arwodhes
arwodhyn
arwodhewgh
arwodhens
-

kevarwodha (*to guide/direct*)

Aswon (*to acknowledge, be acquainted with*)

present participle: owth aswon			*past participle*: aswonys		
mutations	-	-	-	-	-

Indicative	**Subjunctive**
present	*present*
aswonav	aswonniv
aswonydh	aswonni
aswon	aswonno
aswonyn	aswonnyn
aswonowgh	aswonnowgh
aswonons	aswonnons
aswonir	aswonner
imperfect	*imperfect*
aswonyn	aswonnen
aswonys	aswonnes
aswoni	aswonna
aswonyn	aswonnen
aswonewgh	aswonnewgh
aswonens	aswonnens
aswonys	aswonnys
preterite	**Imperative**
aswonis	-
aswonsys	aswon
aswonis	aswones
aswonsyn	aswonyn
aswonsowgh	aswonewgh
aswonsons	aswonens
aswonis	-
pluperfect	
aswonsen	
aswonses	
aswonsa	
aswonsen	
aswonsewgh	
aswonsens	
aswonsys	

Barlenna (*to hold on the lap*)

present participle: ow parlenna			*past participle*: barlennys		
mutations	2 varlen	3 barlen	4 parlen	5 farlen	5^+ varlen

Indicative	**Subjunctive**
present	*present*
barlennav	barlenniv
barlennydh	barlenni
barlen	barlenno
barlennyn	barlennyn
barlennowgh	barlennowgh
barlennons	barlennons
barlennir	barlenner
imperfect	*imperfect*
barlennen	barlennen
barlennes	barlennes
barlenna	barlenna
barlennen	barlennen
barlennewgh	barlennewgh
barlennens	barlennens
barlennys	barlennys
preterite	**Imperative**
barlennis	-
barlensys	barlen
barlennas	barlennes
barlensyn	barlennyn
barlensowgh	barlennewgh
barlensons	barlennens
barlennas	-
pluperfect	
barlensen	
barlenses	
barlensa	
barlensen	
barlensewgh	
barlensens	
barlensys	

Bedha (*to dare*)

present participle: ow pedha			*past participle*: bedhys		
mutations	2 vedh	3 bedh	4 pedh	5 fedh	5^{+} vedh

Indicative	**Subjunctive**
present	*present*
bedhav	betthiv
bedhydh	betthi
bedh	bettho
bedhyn	betthyn
bedhowgh	betthowgh
bedhons	betthons
bedhir	betther
imperfect	*imperfect*
bedhen	betthen
bedhes	betthes
bedha	bettha
bedhen	betthen
bedhewgh	betthewgh
bedhens	betthens
bedhys	betthys
preterite	**Imperative**
bedhis	-
bedhsys	bedh
bedhas	bedhes
bedhsyn	bedhyn
bedhsowgh	bedhewgh
bedhsons	bedhens
bedhas	-
pluperfect	
bedhsen	
bedhses	
bedhsa	
bedhsen	
bedhsewgh	
bedhsens	
bedhsys	

Bedhygla (*to bellow*)

present participle: ow pedhygla			*past participle*: bedhyglys		
mutations	2 vedhygel	3 bedhygel	4 pedhygel	5 fedhygel	5^{+} vedhygel

Indicative

present
bedhyglav
bedhyglydh
bedhygel
bedhyglyn
bedhyglowgh
bedhyglons
bedhyglir

imperfect
bedhyglen
bedhygles
bedhygla
bedhyglen
bedhyglewgh
bedhyglens
bedhyglys

preterite
bedhyglis
bedhyg'sys
bedhyglas
bedhyg'syn
bedhyg'sowgh
bedhyg'sons
bedhyglas

pluperfect
bedhyg'sen
bedhyg'ses
bedhyg'sa
bedhyg'sen
bedhyg'sewgh
bedhyg'sens
bedhyg'sys

Subjunctive

present
bedhykkliv
bedhykkli
bedhykklo
bedhykklyn
bedhykklowgh
bedhykklons
bedhykkler

Imperfect
bedhykklen
bedhykkles
bedhykkla
bedhykklen
bedhykklewgh
bedhykklens
bedhykklys

Imperative

-
bedhygel
bedhygles
bedhyglyn
bedhyglewgh
bedhyglens
-

Benyga (*to bless*)

present participle: ow penyga — *past participle*: benygys

mutations	2 venyk	3 benyk	4 penyk	5 fenyk	5^{+} venyk

Indicative	**Subjunctive**
present	*present*
benygav	benykkiv
benygydh	benykki
benyk	benykko
benygyn	benykkyn
benygowgh	benykkowgh
benygons	benykkons
benygir	benykker
imperfect	*imperfect*
benygen	benykken
benyges	benykkes
benyga	benykka
benygen	benykken
benygewgh	benykkewgh
benygens	benykkens
benygys	benykkys
preterite	**Imperative**
benygis	-
benygsys	benyk
benygas	benyges
benygsyn	benygyn
benygsowgh	benygewgh
benygsons	benygens
benygas	-
pluperfect	
benygsen	
benygses	
benygsa	
benygsen	
benygsewgh	
benygsens	
benygsys	

Berrhe (*to shorten, abbreviate*)

present participle: ow perrhe			*past participle*: berrhes		
mutations	2 verrha	3 berrha	4 perrha	5 ferrha	5^+ verrha

Indicative	**Subjunctive**
present	*present*
berrhav	berrhahiv
berrhydh	berrhahi
berrha	berrhaho
berrhyn	berrhahyn
berrhowgh	berrhahowgh
berrhons	berrhahons
berrhir	berrhaher
imperfect	*imperfect*
berrhyn	berrhahen
berrhys	berrhahes
berrhi	berrhaha
berrhyn	berrhahen
berrhewgh	berrhahewgh
berrhens	berrhahens
berrhys	berrhahys
preterite	**Imperative**
berrhis	-
berrhasys	berrha
berrhas	berrhes
berrhasyn	berrhyn
berrhasowgh	berrhewgh
berrhasons	berrhens
berrhas	-
pluperfect	
berrhasen	
berrhases	
berrhasa	
berrhasen	
berrhasewgh	
berrhasens	
berrhasys	

Beudhi (*to drown*)

present participle: ow peudhi			*past participle*: beudhys		
mutations 2 veudh	3 beudh		4 peudh	5 feudh	5^+ veudh

Indicative	**Subjunctive**
present	*present*
beudhav	beutthiv
beudhydh	beutthi
beudh	beuttho
beudhyn	beutthyn
beudhowgh	beutthowgh
beudhons	beutthons
beudhir	beutther
imperfect	*imperfect*
beudhyn	beutthen
beudhys	beutthes
beudhi	beuttha
beudhyn	beutthen
beudhewgh	beutthewgh
beudhens	beutthens
beudhys	beutthys
preterite	**Imperative**
beudhis	-
beudhsys	beudh
beudhis	beudhes
beudhsyn	beudhyn
beudhsowgh	beudhewgh
beudhsons	beudhens
beudhis	-
pluperfect	
beudhsen	
beudhses	
beudhsa	
beudhsen	
beudhsewgh	
beudhsens	
beudhsys	

Research has determined that verbs with a stem vowel 'eu' and a verbal noun suffix '-i' have a 3rd person singular preterite ending '-is', supplementary to the list of such verbs found at GMC-180/4.

Bewa (*to live*)

present participle: ow pewa			*past participle*: bewys		
mutations	2 vyw	3 byw	4 pyw	5 fyw	5^+ vyw

Indicative	**Subjunctive**
present	*present*
bewav	bewiv
bewydh	bewi
byw	bewo
bewyn	bewyn
bewowgh	bewowgh
bewons	bewons
bewir	bewer
imperfect	*imperfect*
bewen	bewen
bewes	bewes
bewa	bewa
bewen	bewen
bewewgh	bewewgh
bewens	bewens
bewys	bewys
preterite	**Imperative**
bewis	-
bewsys	byw
bewas	bewes
bewsyn	bewyn
bewsowgh	bewewgh
bewsons	bewens
bewas	-
pluperfect	
bewsen	
bewses	
bewsa	
bewsen	
bewsewgh	
bewsens	
bewsys	

bewa orth (*to live on*)

Blasa (*to taste*)

present participle: ow plasa			*past participle*: blesys		
mutations	2 vlas	3 blas	4 plas	5 flas	5^+ vlas

Indicative	**Subjunctive**
present	*present*
blasav	blyssiv
blesydh	blyssi
blas	blasso
blesyn	blyssyn
blesowgh	blyssowgh
blasons	blassons
blesir	blasser
imperfect	*imperfect*
blasen	blassen
blasys	blasses
blasa	blassa
blasen	blassen
blasewgh	blassewgh
blasens	blassens
blesys	blyssys
preterite	**Imperative**
blesis	-
blessys	blas
blasas	blases
blessyn	blesyn
blessowgh	blesewgh
blassons	blasens
blasas	-
pluperfect	
blassen	
blasses	
blassa	
blassen	
blassewgh	
blassens	
blessys	

divlasa (*to be disgusted with*)

Bockla (*to buckle*)

present participle: ow pockla			*past participle*: bocklys		
mutations	2 vockel	3 bockel	4 pockel	5 fockel	5^+ vockel

Indicative	**Subjunctive**
present	*present*
bocklav	bockliv
bocklydh	bockli
bockel	bocklo
bocklyn	bocklyn
bocklowgh	bocklowgh
bocklons	bocklons
bocklir	bockler
imperfect	*imperfect*
bocklen	bocklen
bockles	bockles
bockla	bockla
bocklen	bocklen
bocklewgh	bocklewgh
bocklens	bocklens
bocklys	bocklys
preterite	**Imperative**
bocklis	-
bock'sys	bockel
bocklas	bockles
bock'syn	bocklyn
bock'sowgh	bocklewgh
bock'sons	bocklens
bocklas	-
pluperfect	
bock'sen	
bock'ses	
bock'sa	
bock'sen	
bock'sewgh	
bock'sens	
bock'sys	

Bos/bones (*to be*)

present participle: ow pos/ow pones   *past participle*: -

mutations	2 veu	3 beu	4 peu	5 feu	5^{+} veu

Indicative		**Subjunctive**
present		*present*
ov	esov	biv
os	esos	bi
yw	yma/eus/usi	bo
on	eson	byn
owgh	esowgh	bowgh
yns	ymons/esons	bons
or	eder	ber
imperfect		*imperfect*
en	esen	ben
es	eses	bes
o	esa	be
en	esen	ben
ewgh	esewgh	bewgh
ens	esens	bens
os	eses	bes
preterite	*habitual imperfect*	**Imperative**
beuv	bedhen	-
beus	bedhes	bydh
beu	bedha	bedhes
beun	bedhen	bedhen
bewgh	bedhewgh	bedhewgh
bons	bedhens	bedhens
beus	bedhes	-
pluperfect	*future*	
bien	bedhav	
bies	bedhydh	
bia	bydh	
bien	bedhyn	
biewgh	bedhowgh	
biens	bedhons	
bies	bedher	

Bostya (*to boast*)

present participle: ow postya — *past participle*: bostys/bostyes

mutations	2 vost	3 bost	4 post	5 fost	5^+ vost

Indicative	**Subjunctive**
present	*present*
bostyav	bostiv
bostydh	bosti
bost	bostyo
bostyn	bostyn
bostyowgh	bostyowgh
bostyons	bostyons
bostir	bostyer
imperfect	*imperfect*
bostyen	bostyen
bostyes	bostyes
bostya	bostya
bostyen	bostyen
bostyewgh	bostyewgh
bostyens	bostyens
bostys	bostys
preterite	**Imperative**
bostis	-
bos'sys	bost / bosty before pronouns 'e' and 'i'
bostyas	bostyes
bos'syn	bostyn
bos'sowgh	bostyewgh
bos'sons	bostyens
bostyas	-
pluperfect	
bos'sen	
bos'ses	
bos'sa	
bos'sen	
bos'sewgh	
bos'sens	
bos'sys	

Brennya (*to direct, give directions*)

present participle: ow prennya — *past participle*: brennys/brennyes

mutations 2 vrenn 3 brenn 4 prenn 5 frenn 5^+ vrenn

Indicative

present
brennyav
brennydh
brenn
brennyn
brennyowgh
brennyons
brennir

imperfect
brennyen
brennyes
brennya
brennyen
brennyewgh
brennyens
brennys

preterite
brennis
brensys
brennyas
brensyn
brensowgh
brensons
brennyas

pluperfect
brensen
brenses
brensa
brensen
brensewgh
brensens
brensys

Subjunctive

present
brenniv
brenni
brennyo
brennyn
brennyowgh
brennyons
brennyer

imperfect
brennyen
brennyes
brennya
brennyen
brennyewgh
brennyens
brennys

Imperative

-
brenn / brenny before pronouns 'i' and 'e'
brennyes
brennyn
brennyewgh
brennyens
-

Breusi (*to judge*)

present participle: ow preusi			*past participle*: breusys		
mutations 2 vreus		3 breus	4 preus	5 freus	5^{+} vreus

Indicative	**Subjunctive**
present	*present*
breusav	breussiv
breusydh	breussi
breus	breusso
breusyn	breussyn
breusowgh	breussowgh
breusons	breussons
breusir	breusser
imperfect	*imperfect*
breusyn	breussen
breusys	breusses
breusi	breussa
breusyn	breussen
breusewgh	breussewgh
breusens	breussens
breusys	breussys
preterite	**Imperative**
breusis	-
breussys	breus
breusis	breuses
breussyn	breusyn
breussowgh	breusewgh
breussons	breusens
breusis	-
pluperfect	
breussen	
breusses	
breussa	
breussen	
breussewgh	
breussens	
breussys	

Research has determined that verbs with a stem vowel 'eu' and a verbal noun suffix '-i' have a 3rd person singular preterite ending '-is', supplementary to the list of such verbs found at GMC-180/4.

Brewi (*to break, crumble*)

present participle: ow prewi			*past participle*: brewys		
mutations	2 vrew	3 brew	4 prew	5 frew	5+ vrew

Indicative	**Subjunctive**
present	*present*
brewav	brewiv
brewysh	brewi
brew	brewo
brewyn	brewyn
brewogh	brewowgh
brewons	brewons
brewir	brewer
imperfect	*imperfect*
brewyn	brewen
brewys	brewes
brewi	brewa
brewyn	brewen
brewewgh	brewewgh
brewens	brewens
brewys	brewys
preterite	**Imperative**
brewis	-
brewsys	brew
brewis	brewes
brewsyn	brewyn
brewsowgh	brewewgh
brewsons	brewens
brewis	-
pluperfect	
brewsen	
brewses	
brewsa	
brewsen	
brewsewgh	
brewsens	
brewsys	

Brosa (*to sting*)

present participle: ow prosa			*past participle*: brosys		
mutations	2 vros	3 bros	4 pros	5 fros	5^+ vros

Indicative	**Subjunctive**
present	*present*
brosav	brossiv
brosydh	brossi
bros	brosso
brosyn	brossyn
brosowgh	brossowgh
brosons	brossons
brosir	brosser
imperfect	*imperfect*
brosen	brossen
broses	brosses
brosa	brossa
brosen	brossen
brosewgh	brossewgh
brosens	brossens
brosys	brossys
preterite	**Imperative**
brosis	-
brossys	bros
brosas	broses
brossyn	brosyn
brossowgh	brosewgh
brossons	brosens
brosas	-
pluperfect	
brossen	
brosses	
brossa	
brossen	
brossewgh	
brossens	
brossys	

Bryjyon (*to boil*)

present participle: ow pryjyon			*past participle*: bryjys		
mutations	2 vros	3 bros	4 pros	5 fros	5^+ vros

Indicative	**Subjunctive**
present	*present*
brojyav	brycchiv
bryjydh	brycchi
bros	brocchyo
bryjyn	brycchyn
bryjyowgh	brycchyowgh
brojyons	brocchyons
bryjir	brocchyer
imperfect	*imperfect*
brojyen	brocchyen
brojyes	brocchyes
brojya	brocchya
brojyen	brocchyen
brojyewgh	brocchyewgh
brojyens	brocchyens
bryjys	brycchys
preterite	**Imperative**
bryjis	-
bryjsys	bros
brojyas	brojyes
bryjsyn	bryjyn
bryjsowgh	bryjyewgh
brojsons	brojyens
brojyas	-
pluperfect	
brojsen	
brojses	
brojsa	
brojsen	
brojsewgh	
brojsens	
bryjsys	

lesvryjyon (*to parboil*)

Byrla (*to hug)*

present participle: ow pyrla			*past participle*: byrlys		
mutations	2 vyrl	3 byrl	4 pyrl	5 fyrl	5^+ vyrl

Indicative	**Subjunctive**
present	*present*
byrlav	byrliv
byrlydh	byrli
byrl	byrlo
byrlyn	byrlyn
byrlowgh	byrlowgh
byrlons	byrlons
byrlir	byrler
imperfect	*imperfect*
byrlen	byrlen
byrles	byrles
byrla	byrla
byrlen	byrlen
byrlewgh	byrlewgh
byrlens	byrlens
byrlys	byrlys
preterite	**Imperative**
byrlis	-
byrlsys	byrl
byrlas	byrles
byrlsyn	byrlyn
byrlsowgh	byrlewgh
byrlsons	byrlens
byrlas	-
pluperfect	
byrlsen	
byrlses	
byrlsa	
byrlsen	
byrlsewgh	
byrlsens	
byrlsys	

Chersya (*to caress*)

present participle: ow chersya — *past participle*: chersys/chersyes

mutations	2 jers	3 chers	4 chers	5 chers	5^{+} chers

Indicative	**Subjunctive**
present	*present*
chersyav	chersiv
chersydh	chersi
chers	chersyo
chersyn	chersyn
chersyowgh	chersyowgh
chersyons	chersyons
chersir	chersyer
imperfect	*imperfect*
chersyen	chersyen
chersyes	chersyes
chersya	chersya
chersyen	chersyen
chersyewgh	chersyewgh
chersyens	chersyens
chersys	chersys
preterite	**Imperative**
chersis	-
cherssys	chers
chersyas	cherses
cherssyn	chersyn
cherssowgh	chersewgh
cherssons	chersens
chersyas	-
pluperfect	
cherssen	
chersses	
cherssa	
cherssen	
cherssewgh	
cherssens	
cherssys	

Chevisya (*to borrow*)

present participle: ow chevisya			*past participle*: chevisys/chevisyes		
mutations	2 jevis	3 chevis	4 chevis	5 chevis	5^+ chevis

Indicative	**Subjunctive**
present	*present*
chevisyav	chevissiv
chevisydh	chevissi
chevis	chevissyo
chevisyn	chevissyn
chevisyowgh	chevissyowgh
chevisyons	chevissyons
chevisir	chevissyer
imperfect	*imperfect*
chevisyen	chevissyen
chevisyes	chevissyes
chevisya	chevissya
chevisyen	chevissyen
chevisyewgh	chevissyewgh
chevisyens	chevissyens
chevisys	chevissys
preterite	**Imperative**
chevisis	-
chevissys	chevis / chevisy before pronouns 'e' and 'i'
chevisyas	chevisyes
chevissyn	chevisyn
chevissowgh	chevisyewgh
chevissons	chevisyens
chevisyas	-
pluperfect	
chevissen	
chevisses	
chevissa	
chevissen	
chevissewgh	
chevissens	
chevissys	

Dadhla (*to argue, debate*)

present participle: ow tadhla			*past participle*: dedhlys		
mutations	2 dhadhel	3 dadhel	4 tadhel	5 tadhel	5^{+} tadhel

Indicative	**Subjunctive**
present	*present*
dadhlav	dytthliv
dedhlydh	dytthli
dadhel	datthlo
dedhlyn	dytthlyn
dedhlowgh	dytthlowgh
dadhlons	datthlons
dedhlir	datthler
imperfect	*imperfect*
dadhlen	datthlen
dadhles	datthles
dadhla	datthla
dadhlen	datthlen
dadhlewgh	datthlewgh
dadhlens	datthlens
dedhlys	dytthlys
preterite	**Imperative**
dedhlis	-
dedh'sys	dadhel
dadhlas	dadhles
dedh'syn	dedhlyn
dedh'sowgh	dedhlewgh
dadh'sons	dadhlens
dadhlas	-
pluperfect	
dadh'sen	
dadh'ses	
dadh'sa	
dadh'sen	
dadh'sewgh	
dadh'sens	
dedh'sys	

Dagrewi (*to shed tears, weep*)

present participle: ow tagrewi			*past participle*: dagrewys		
mutations	2 dhagrew	3 dagrew	4 tagrew	5 tagrew	5^{+} tagrew

Indicative	**Subjunctive**
present	*present*
dagrowav	dagrewiv
dagrewydh	dagrewi
dagrew	dagrowo
dagrewyn	dagrewyn
dagrewowgh	dagrewowgh
dagrewons	dagrowons
dagrewir	dagrewer
imperfect	*imperfect*
dagrewyn	dagrowen
dagrewys	dagrowes
dagrewi	dagrowa
dagrewyn	dagrowen
dagrewewgh	dagrowewgh
dagrewens	dagrowens
dagrewys	dagrewys
preterite	**Imperative**
dagrewis	-
dagrewsys	dagrow
dagrewis	dagrewes
dagrewsyn	dagrewyn
dagrewsowgh	dagrewewgh
dagrowsons	dagrewens
dagrewis	-
pluperfect	
dagrowsen	
dagrowses	
dagrowsa	
dagrowsen	
dagrowsewgh	
dagrowsens	
dagrewsys	

Dalghenna (*to seize, grasp*)

present participle: ow talghenna			*past participle*: dalghennys		
mutations	2 dhalghen	3 dalghen	4 talghen	5 talghen	5^{+} talghen

Indicative	**Subjunctive**
present	*present*
dalghennav	dalghenniv
dalghennydh	dalghenni
dalghen	dalghenno
dalghennyn	dalghennyn
dalghennowgh	dalghennowgh
dalghennons	dalghennons
dalghennir	dalghenner
imperfect	*imperfect*
dalghennen	dalghennen
dalghennes	dalghennes
dalghenna	dalghenna
dalghennen	dalghennen
dalghennewgh	dalghennewgh
dalghennens	dalghennens
dalghennys	dalghennys
preterite	**Imperative**
dalghennis	-
dalghensys	dalghen
dalghennas	dalghennes
dalghensyn	dalghennyn
dalghensowgh	dalghennewgh
dalghensons	dalghennens
dalghennas	-
pluperfect	
dalghensen	
dalghenses	
dalghensa	
dalghensen	
dalghensewgh	
dalghensens	
dalghensys	

dalghenna *to grip (+ direct object)*
dalghenna yn (*to seize*)

Dalla (*to blind*)

present participle: ow talla			*past participle*: dellys		
mutations	2 dhall	3 dall	4 tall	5 tall	5^+ tall

Indicative	**Subjunctive**
present	*present*
dallav	dylliv
dellydh	dylli
dall	dallo
dellyn	dyllyn
dellowgh	dyllowgh
dellons	dyllons
dellir	daller
imperfect	*imperfect*
dallen	dallen
dalles	dalles
dalla	dalla
dallen	dallen
dallewgh	dallewgh
dallens	dallens
dellys	dyllys
preterite	**Imperative**
dellis	-
delsys	dall
dallas	dalles
delsyn	dallyn
delsowgh	dallewgh
dalsons	dallens
dallas	-
pluperfect	
dalsen	
dalses	
dalsa	
dalsen	
dalsewgh	
dalsens	
delsys	

Dalleth (*to begin*)

present participle: ow talleth — *past participle*: dallethys

mutations	2 dhalleth	3 dalleth	4 talleth	5 talleth	5⁺ talleth

Indicative	**Subjunctive**
present	*present*
dallathav	dalletthiv
dallethydh	dalletthi
dalleth	dallattho
dallethyn	dalletthyn
dallethowgh	dalletthowgh
dallethons	dallatthons
dallethir	dallatther
imperfect	*imperfect*
dallethyn	dallatthen
dallethys	dallatthes
dallethi	dallattha
dallethyn	dallatthen
dallethewgh	dallatthewgh
dallethens	dallatthens
dallethys	dalletthys
preterite	**Imperative**
dallethis	-
dallethsys	dallath
dallathas	dallethes
dallethsyn	dallethyn
dallethsowgh	dallethewgh
dallathsons	dallethens
dallathas	-
pluperfect	
dallathsen	
dallathses	
dallathsa	
dallathsen	
dallathsewgh	
dallathsens	
dallathsys	

Dampnya (*to condemn*)

present participle: ow tampnya — *past participle*: dempnys/dampnyes

mutations	2 dhampen	3 dampen	4 tampen	5 tampen	5⁺ tampen

Indicative	**Subjunctive**
present	*present*
dampnyav	dympniv
dempnydh	dympni
dampen	dampnyo
dempnyn	dympnyn
dempnyowgh	dympnyowgh
dampnyons	dampnyons
dempnir	dampnyer
imperfect	*imperfect*
dampnyen	dampnyen
dampnyes	dampnyes
dampnya	dampnya
dampnyen	dampnyen
dampnyewgh	dampnyewgh
dampnyens	dampnyens
dempnys	dympnyys
preterite	**Imperative**
dempnis	-
dempensys	dampen/dampeny before pronouns 'e' and 'i'
dampnyas	dampnyes
dempensyn	dempnyn
dempensowgh	dempnyewgh
dampensons	dampnyens
dampnyas	-
pluperfect	
dampensen	
dampenses	
dampensa	
dampensen	
dampensewgh	
dampensens	
dempensys	

Danvon (*to send*)

present participle: ow tanvon — *past participle*: danvenys

mutations	2 dhanvon	3 danvon	4 danvon	5 tanvon	5^+ tanvon

Indicative	**Subjunctive**
present	*present*
danvonav	danvenniv
danvenydh	danvenni
danvon	danvonno
danvenyn	danvennyn
danvenowgh	danvennowgh
danvonons	danvonnons
danvenir	danvonner
imperfect	*imperfect*
danvonen	danvonnen
danvones	danvonnes
danvona	danvonna
danvonen	danvonnen
danvonewgh	danvonnewgh
danvonens	danvonnens
danvenys	danvennys
preterite	**Imperative**
danvenis	-
danvensys	danvon
danvonas	danvones
danvensyn	danvenyn
danvensowgh	danvenewgh
danvonsons	danvonens
danvonas	-
pluperfect	
danvonsen	
danvonses	
danvonsa	
danvonsen	
danvonsewgh	
danvonsens	
danvensys	

danvon nebonan a wul neppyth (*to send someone to do something*)

Darbari (*to prepare*)

present participle: ow tarbari			*past participle*: darbarys		
mutations	2 dharbar	3 darbar	4 tarbar	5 tarbar	5^+ tarbar

Indicative	**Subjunctive**
present	*present*
darbarav	darbarriv
darbarydh	darbarri
darbar	darbarro
darbaryn	darbarryn
darbarowgh	darbarrowgh
darbarons	darbarrons
darbarir	darbarrer
imperfect	*imperfect*
darbaryn	darbarren
darbarys	darbarres
darbari	darbarra
darbaryn	darbarren
darbarewgh	darbarrewgh
darbarens	darbarrens
darbarys	darbarrys
preterite	**Imperative**
darbaris	-
darbarsys	darbar
darbaras	darbares
darbarsyn	darbaryn
darbarsowgh	darbarewgh
darbarsons	darbarens
darbaras	-
pluperfect	
darbarsen	
darbarses	
darbarsa	
darbarsen	
darbarsewgh	
darbarsens	
darbarsys	

Dargana (*to forecast*)

present participle: ow targana			*past participle*: dargenys		
mutations	2 dhargan	3 dargan	4 targan	5 targan	5^+ targan

Indicative	**Subjunctive**
present	*present*
darganav	dargynniv
dergenydh	dargynni
dargan	darganno
dergenyn	dargynnyn
dergenowgh	dargynnowgh
darganons	dargannons
dergenir	darganner
imperfect	*imperfect*
darganen	dargannen
darganes	dargannes
dargana	darganna
darganen	dargannen
darganewgh	dargannewgh
darganens	dargannens
dargenys	dargynnys
preterite	**Imperative**
darganis	-
dargansys	dargan
darganas	darganes
dargansyn	dargenyn
dargansowgh	dargenewgh
dargansons	darganens
darganas	-
pluperfect	
dargansen	
darganses	
dargansa	
dargansen	
dargansewgh	
dargansens	
dargensys	

Daromres (*to oscillate, come and go*)

present participle: ow taromres			*past participle*: daromresys		
mutations	2 dharomres	3 daromres	4 taromres	5 taromres	5^+ taromres

Indicative	**Subjunctive**
present	*present*
daromresav	daromressiv
daromresydh	daromressi
daromres	daromresso
daromresyn	daromressyn
daromresowgh	daromressowgh
daromresons	daromressons
daromresir	daromresser
imperfect	*imperfect*
daromresen	daromressen
daromreses	daromresses
daromresa	daromressa
daromresen	daromressen
daromresewgh	daromressewgh
daromresens	daromressens
daromresys	daromressys
preterite	**Imperative**
daromresis	-
daromressys	daromres
daromresas	daromreses
daromressyn	daromresyn
daromressowgh	daromresewgh
daromressons	daromresens
daromresas	-
pluperfect	
daromressen	
daromresses	
daromressa	
daromressen	
daromressewgh	
daromressens	
daromressys	

Dasserghi (*to rise again*)

present participle: ow tasserghi			*past participle*: dasserghys		
mutations	2 dhassergh	3 dassergh	4 tassergh	5 tassergh	5^+ tassergh

Indicative	**Subjunctive**
present	*present*
dassorghav	dasserghiv
dasserghydh	dasserghi
dassergh	dassorgho
dasserghyn	dasserghyn
dasserghowgh	dasserghowgh
dasserghons	dassorghons
dasserghir	dassorgher
imperfect	*imperfect*
dasserghyn	dassorghen
dasserghys	dassorghes
dasserghi	dassorgha
dasserghyn	dassorghen
dasserghewgh	dassorghewgh
dasserghens	dassorghens
dasserghys	dasserghys
preterite	**Imperative**
dasserghis	-
dasserghsys	dassorgh
dassorghas	dasserghes
dasserghsyn	dasserghyn
dasserghsowgh	dasserghewgh
dassorghsons	dasserghens
dassorghas	-
pluperfect	
dassorghsen	
dassorghses	
dassorghsa	
dassorghsen	
dassorghsewgh	
dassorghsens	
dassorghsys	

Debreni (*to itch*)

present participle: ow tebreni			*past participle*: debrenys		
mutations	2 dhebren	3 debren	4 tebren	5 tebren	5^+ tebren

Indicative	**Subjunctive**
present	*present*
debronav	debrenniv
debrenydh	debrenni
debren	debronno
debrenyn	debrennyn
debrenowgh	debrennowgh
debrenons	debronnons
debrenir	debronner
imperfect	*imperfect*
debrenyn	debronnen
debrenys	debronnes
debreni	debronna
debrenyn	debronnen
debrenewgh	debronnewgh
debrenens	debronnens
debrenys	debrennys
preterite	**Imperative**
debrenis	-
debrensys	debron
debronas	debrenes
debrensyn	debrenyn
debrensowgh	debrenewgh
debronsons	debrenens
debronas	-
pluperfect	
debronsen	
debronses	
debronsa	
debronsen	
debronsewgh	
debronsens	
debronsys	

Dedhewi (*to promise*)

present participle: ow tedhewi			*past participle*: dedhewys		
mutations	2 dhedhew	3 dedhew	4 tedhew	5 tedhew	5^+ tedhew

Indicative

present
dedhowav
dedhewydh
dedhew
dedhewyn
dedhewowgh
dedhewons
dedhewir

imperfect
dedhewyn
dedhewys
dedhewi
dedhewyn
dedhewewgh
dedhewens
dedhewys

preterite
dedhewis
dedhewsys
dedhewis
dedhewsyn
dedhewsowgh
dedhowsons
dedhewis

pluperfect
dedhowsen
dedhowses
dedhowsa
dedhowsen
dedhowsewgh
dedhowsens
dedhewsys

Subjunctive

present
dedhewiv
dedhewi
dedhowo
dedhewyn
dedhewowgh
dedhewons
dedhewer

imperfect
dedhowen
dedhowes
dedhowa
dedhowen
dedhowewgh
dedhowens
dedhewys

Imperative
-
dedhow
dedhewes
dedhewyn
dedhewewgh
dedhewens
-

Dedhwi (*to lay eggs*)

present participle: ow tedhwi   *past participle*: dedhwys

mutations	2 dhedhow	3 dedhow	4 tedhow	5 tedhow	5+ tedhow

Indicative

present
dodhwav
dedhwydh
dedhow
dedhwyn
dedhwowgh
dedhwons
dedhwir

imperfect
dedhwyn
dedhwys
dedhwi
dedhwyn
dedhwewgh
dedhwens
dedhwys

preterite
dedhwis
dedhwsys
dodhwas
dedhwsyn
dedhwsowgh
dodhwsons/dowdhsons
dedhewas

pluperfect
dodhwsen/dowdhsen
dodhwses/dowdhses
dodhwsa/dowdhsa
dodhwsen /dowdhsen
dodhwsewgh /dowdhsewgh
dodhwsens/ dowdhsens
dodhwsys/dowdhsys

Subjunctive

present
detthwiv
detthwi
detthwo
detthwyn
detthwowgh
dotthwons
dotthwer

imperfect
dotthwen
dotthwes
dotthwa
dotthwen
dotthwewgh
dotthwens
detthwys

Imperative

-
dodhw (w *silent before a consonant*)
dedhwes
dedhwyn
dedhwewgh
dedhwens
-

Defolya (*to pollute, violate*)

present participle: ow tefolya			*past participle*: defolys/defolyes		
mutations	2 dhefol	3 defol	4 tefol	5 tefol	5^+ tefol

Indicative	**Subjunctive**
present	*present*
defolyav	defolliv
defolydh	defolli
defol	defollyo
defolyn	defollyn
defolyowgh	defollyowgh
defolyons	defollyons
defolir	defollyer
imperfect	*imperfect*
defolyen	defollyen
defolyes	defollyes
defolya	defollya
defolyen	defollyen
defolyewgh	defollyewgh
defolyens	defollyens
defolys	defollys
preterite	**Imperative**
defolis	-
defolsys	defol / defoly before pronouns 'e' and 'i'
defolyas	defolyes
defolsyn	defolyn
defolsowgh	defolyewgh
defolsons	defolyens
defolyas	-
pluperfect	
defolsen	
defolses	
defolsa	
defolsen	
defolsewgh	
defolsens	
defolsys	

Degea (*to close*)

present participle: ow tegea			*past participle*: degys		
mutations	2 dhege	3 dege	4 tege	5 tege	5^+ tege

Indicative

present
degeav
degeydh
dege
degeyn
degeowgh
degeons
degeir

imperfect
degeen
degees
degea
degeen
degeewgh
degeens
degeys

preterite
degeis
degesys
degeas
degesyn
degesowgh
degesons
degeas

pluperfect
degesen
degeses
degesa
degesen
degesewgh
degesens
degesys

Subjunctive

present
degeiv
degei
degeo
degeyn
degeowgh
degeons
degeer

imperfect
degeen
degees
degea
degeen
degeewgh
degeens
degys

Imperative

-
dege
degees
degeyn
degeewgh
degeens
-

Degoodh (*to be due, fitting*)

present participle: -			*past participle*: -		
mutations	2 dhegoodh	3 degoodh	4 tegoodh	5 tegoodh	5^{+} tegoodh

Indicative	**Subjunctive**
present	*present*
-	-
-	-
degoodh	degootthvo
-	-
-	-
-	-
-	-
imperfect	*imperfect*
-	-
-	-
degoodho	degootthva
-	-
-	-
-	-
-	-
preterite	**Imperative**
-	-
-	-
degoodhva	-
-	-
-	-
-	-
-	-
pluperfect	
-	
-	
degodhvia	
-	
-	
-	
-	

Degynsywa (*to threaten, menace*)

present participle: ow tegynsywa			*past participle*: degynsywys		
mutations	2 dhegynsyw	3 degynsyw	4 tegynsyw	5 tegynsyw	5^{+} tegynsyw

Indicative

present
degynsywav
degynsywydh
degynsyw
degynsywyn
degynsywowgh
degynsywons
degynsywir

imperfect
degynsywen
degynsywes
degynsywa
degynsywen
degynsywewgh
degynsywens
degynsywys

preterite
degynsywis
degynsywsys
degynsywas
degynsywsyn
degynsywsowgh
degynsywsons
degynsywas

pluperfect
degynsywsen
degynsywses
degynsywsa
degynsywsen
degynsywsewgh
degynsywsens
degynsywsys

Subjunctive

present
degynsywiv
degynsywi
degynsywo
degynsywyn
degynsywowgh
degynsywons
degynsywer

imperfect
degynsywen
degynsywes
degynsywa
degynsywen
degynsywewgh
degynsywens
degynsywys

Imperative
-
degynsyw
degynsywes
degynsywyn
degynsywewgh
degynsywens
-

Dehweles (*to return*)

present participle: ow tehweles — *past participle*: dehwelys

mutations	2 dhehwel	3 dehwel	4 tehwel	5 tehwel	5^+ tehwel

Indicative

present
dehwelav
dehwelydh
dehwel
dehwelyn
dehwelowgh
dehwelons
dehwelir

imperfect
dehwelyn
dehwelys
dehweli
dehwelyn
dehwelewgh
dehwelens
dehwelys

preterite
dehwelis
dehwelsys
dehwelis
dehwelsyn
dehwelsowgh
dehwelsons
dehwelis

pluperfect
dehwelsen
dehwelses
dehwelsa
dehwelsen
dehwelsewgh
dehwelsens
dehwelsys

Subjunctive

present
dehwelliv
dehwelli
dehwello
dehwellyn
dehwellowgh
dehwellons
dehweller

imperfect
dehwellen
dehwelles
dehwella
dehwellen
dehwellewgh
dehwellens
dehwellys

Imperative
-
dehwel
dehweles
dehwelyn
dehwelewgh
dehwelens
-

Deledhi (*to be right, proper*)

present participle: -			*past participle*: -		
mutations	2 dheledh	3 deledh	4 teledh	5 teledh	5⁺ teledh

Indicative	**Subjunctive**
present	*present*
-	-
-	-
deledh	-
-	-
-	-
-	-
-	-
imperfect	*imperfect*
-	-
-	-
-	-
-	-
-	-
-	-
-	-
preterite	**Imperative**
-	-
-	-
-	-
-	-
-	-
-	-
-	-
pluperfect	
-	
-	
-	
-	
-	
-	
-	

Delinya (*to draw, outline*)

present participle: ow telinya			*past participle*: delinys/delinyes		
mutations	2 dhelin	3 delin	4 telin	5 telin	5^+ telin

Indicative	**Subjunctive**
present	*present*
delinyav	delinniv
delinydh	delinni
delin	delinnyo
delinyn	delinnyn
delinyowgh	delinnyowgh
delinyons	delinnyons
delinir	delinnyer
imperfect	*imperfect*
delinyen	delinnyen
delinyes	delinnyes
delinya	delinnya
delinyen	delinnyen
delinyewgh	delinnyewgh
delinyens	delinnyens
delinys	delinnys
preterite	**Imperative**
delinis	-
delinsys	delin / deliny before pronouns 'e' and 'i'
delinyas	delinyes
delinsyn	delinyn
delinsowgh	delinyewgh
delinsons	delinyens
delinyas	-
pluperfect	
delinsen	
delinses	
delinsa	
delinsen	
delinsewgh	
delinsens	
delinsys	

Delivra (*to deliver*)

present participle: ow telivra			*past participle*: delivrys		
mutations	2 dhelirv	3 delirv	4 telirv	5 telirv	5^+ telirv

Indicative

present
delivrav
delivrydh
delirv
delivryn
delivrowgh
delivrons
delivrir

imperfect
delivren
delivres
delivra
delivren
delivrewgh
delivrens
delivrys

preterite
delivris
delirvsys
delivras
delirvsyn
delirvsowgh
delirvsons
delivras

pluperfect
delirvsen
delirvses
delirvsa
delirvsen
delirvsewgh
delirvsens
delirvsys

Subjunctive

present
deliffriv
deliffri
deliffro
deliffryn
deliffrowgh
deliffrons
deliffrer

imperfect
deliffren
deliffres
deliffra
deliffren
deliffrewgh
deliffrens
deliffrys

Imperative

-
delirv
delivres
delivryn
delivrewgh
delivrens
-

Demedhi (*to marry*)

present participle: ow temedhi			*past participle*: demedhys		
mutations	2 dhemedh	3 demedh	4 temedh	5 temedh	5^+ temedh

Indicative	**Subjunctive**
present	*present*
demedhav	demetthiv
demedhydh	demetthi
demedh	demettho
demedhyn	demetthyn
demedhowgh	demetthowgh
demedhons	demetthons
demedhir	demetther
imperfect	*imperfect*
demedhyn	demetthen
demedhys	demetthes
demedhi	demettha
demedhyn	demetthen
demedhewgh	demetthewgh
demedhens	demetthens
demedhys	demetthys
preterite	**Imperative**
demedhis	-
demedhsys	demedh
demedhis	demedhes
demedhsyn	demedhyn
demedhsowgh	demedhewgh
demedhsons	demedhens
demedhis	-
pluperfect	
demedhsen	
demedhses	
demedhsa	
demedhsen	
demedhsewgh	
demedhsens	
demedhsys	

didhemedhi (*to divorce*)

Dendyl (*to earn)*

present participle: ow tendyl			*past participle*: dendylys		
mutations	2 dhendyl	3 dendyl	4 tendyl	5 tendyl	5^+ tendyl

Indicative	**Subjunctive**
present	*present*
dendylav	dendylliv
dendylydh	dendylli
dendyl	dendyllo
dendylyn	dendyllyn
dendylowgh	dendyllowgh
dendylons	dendyllons
dendylir	dendyller
imperfect	*imperfect*
dendylen	dendyllen
dendyles	dendylles
dendyla	dendylla
dendylen	dendyllen
dendylewgh	dendyllewgh
dendylens	dendyllens
dendylys	dendyllys
preterite	**Imperative**
dendylis	-
dendylsys	dendyl
dendylas	dendyles
dendylsyn	dendylyn
dendylsowgh	dendylewgh
dendylsons	dendylens
dendylas	-
pluperfect	
dendylsen	
dendylses	
dendylsa	
dendylsen	
dendylsewgh	
dendylsens	
dendylsys	

Densel (*to bite, gnaw, munch, crunch)*

present participle: ow tensel			*past participle*: densys		
mutations	2 dhens	3 dens	4 tens	5 tens	5^{+} tens

Indicative	**Subjunctive**
present	*present*
densav	densiv
densydh	densi
dens	denso
densen	densyn
densowgh	densowgh
densons	densons
densir	denser
imperfect	*imperfect*
densyn	densen
densys	denses
densi	densa
densyn	densen
densewgh	densewgh
densens	densens
densys	densys
preterite	**Imperative**
densis	-
denssys	dens
densis	denses
denssyn	densyn
denssowgh	densewgh
denssons	densens
densis	-
pluperfect	
denssen	
densses	
denssa	
denssen	
denssewgh	
denssens	
denssys	

godhensel (*to nibble*)

Derivas (*to report, tell)*

present participle: ow terivas			*past participle*: derivys		
mutations	2 dheriv	3 deriv	4 teriv	5 teriv	5^+ teriv

Indicative	**Subjunctive**
present	*present*
derivav	deriffiv
derivydh	deriffi
deriv	deriffo
derivyn	deriffyn
derivowgh	deriffowgh
derivons	deriffons
derivir	deriffer
imperfect	*imperfect*
deriven	deriffen
derives	deriffes
deriva	deriffa
deriven	deriffen
derivewgh	deriffewgh
derivens	deriffens
derivys	deriffys
preterite	**Imperative**
derivis	-
derivsys	deriv
derivis	derives
derivsyn	derivyn
derivsowgh	derivewgh
derivsons	derivens
derivis	-
pluperfect	
derivsen	
derivses	
derivsa	
derivsen	
derivsewgh	
derivsens	
derivsys	

derivas orth (*to tell*)

Dervyn (*to demand)*

present participle: ow tervyn			*past participle*: dervynnys		
mutations	2 dhervyn	3 dervyn	4 tervyn	5 tervyn	5⁺ tervyn

Indicative	**Subjunctive**
present	*present*
dervynnav	dervynniv
dervynnydh	dervynni
dervyn	dervynno
dervynnyn	dervynnyn
dervynnowgh	dervynnowgh
dervynnons	dervynnons
dervynnir	dervynner
imperfect	*imperfect*
dervynnyn	dervynnen
dervynnys	dervynnes
dervynni	dervynna
dervynnyn	dervynnen
dervynnewgh	dervynnewgh
dervynnens	dervynnens
dervynnys	dervynnys
preterite	**Imperative**
dervynnis	-
dervynsys	dervyn
dervynnas	dervynnes
dervynsyn	dervynnyn
dervynsowgh	dervynnewgh
dervynsons	dervynnens
dervynnas	-
pluperfect	
dervynsen	
dervynses	
dervynsa	
dervynsen	
dervynsewgh	
dervynsens	
dervynsys	

dervyn dyworth (*demand from*)

Desta (*to testify*)

present participle: ow testa | *past participle*: destys

mutations	2 dhest	3 dest	4 test	5 test	5+ test

Indicative	**Subjunctive**
present	*present*
destav	destiv
destydh	desti
dest	desto
destyn	destyn
destowgh	destowgh
destons	destons
destir	dester
imperfect	*imperfect*
desten	desten
destes	destes
desta	desta
desten	desten
destewgh	destewgh
destens	destens
destys	destys
preterite	**Imperative**
destis	-
des'sys	dest
destas	destes
des'syn	destyn
des'sowgh	destewgh
des'sons	destens
destas	-
pluperfect	
des'sen	
des'ses	
des'sa	
des'sen	
des'sewgh	
des'sens	
des'sys	

Destna (*to destine*)

present participle: ow testna			*past participle*: destnys		
mutations	2 dhesten	3 desten	4 testen	5 testen	5⁺ testen

Indicative	**Subjunctive**
present	*present*
destnav	destniv
destnydh	destni
desten	destno
destnyn	destnyn
destnowgh	destnowgh
destnons	destnons
destnir	destner
imperfect	*imperfect*
destnen	destnen
destnes	destnes
destna	destna
destnen	destnen
destnewgh	destnewgh
destnens	destnens
destnys	destnys
preterite	**Imperative**
destnis	-
desynsys	destyn
destnas	destnes
destynsyn	destnyn
destynsowgh	destnewgh
destynsons	destnens
destnas	-
pluperfect	
destynsen	
destynses	
destynsa	
destynsen	
destynsewgh	
destynsens	
destynsys	

Dewis (*to choose)*

present participle: ow tewis			*past participle*: dewisys		
mutations	2 dhewis	3 dewis	4 tewis	5 tewis	5^+ tewis

Indicative	**Subjunctive**
present	*present*
dewisav	dewissiv
dewisydh	dewissi
dewis	dewisso
dewisyn	dewissyn
dewisowgh	dewissowgh
dewisons	dewissons
dewisir	dewisser
imperfect	*imperfect*
dewisyn	dewissen
dewisys	dewisses
dewisi	dewissa
dewisyn	dewissen
dewisewgh	dewissewgh
dewisens	dewissens
dewisys	dewissys
preterite	**Imperative**
dewisis	-
dewissys	dewis
dewisas	dewises
dewissyn	dewisyn
dewissowgh	dewisewgh
dewissons	dewisens
dewisas	-
pluperfect	
dewissen	
dewisses	
dewissa	
dewissen	
dewissewgh	
dewissens	
dewissys	

Dewraga (*to gush*)

present participle: ow tewraga			*past participle*: dewragys		
mutations	2 dhewrak	3 dewrak	4 tewrak	5 tewrak	5^{+} tewrak

Indicative	**Subjunctive**
present	*present*
dewragav	dewrykkiv
dewregydh	dewrykki
dewrak	dewrakko
dewregyn	dewrykkyn
dewregowgh	dewrykkowgh
dewragons	dewrakkons
dewregir	dewrakker
imperfect	*imperfect*
dewragen	dewrakken
dewrages	dewrakkes
dewraga	dewrakka
dewragen	dewrakken
dewragewgh	dewrakkewgh
dewragens	dewrakkens
dewregys	dewrykkys
preterite	**Imperative**
dewregis	-
dewregsys	dewrak
dewragas	dewrages
dewregsyn	dewregyn
dewregsowgh	dewragewgh
dewragsons	dewragens
dewragas	-
pluperfect	
dewragsen	
dewragses	
dewragsa	
dewragsen	
dewragsewgh	
dewragsens	
dewragsys	

Dewynnya (*to radiate, shine)*

present participle: ow tewynnya — *past participle*: dewynnys/dewynnyes

mutations 2 dhewyn 3 dewyn 4 tewyn 5 tewyn 5^{+} tewyn

Indicative

present
dewynnyav
dewynnydh
dewyn
dewynnyn
dewynnyowgh
dewynnyons
dewynnir

imperfect
dewynnyen
dewynnyes
dewynnya
dewynnyen
dewynnyewgh
dewynnyens
dewynnys

preterite
dewynnis
dewynsys
dewynnyas
dewynsyn
dewynsowgh
dewynsons
dewynnyas

pluperfect
dewynsen
dewynses
dewynsa
dewynsen
dewynsewgh
dewynsens
dewynsys

Subjunctive

present
dewynniv
dewynni
dewynnyo
dewynnyn
dewynnyowgh
dewynnyons
dewynnyer

imperfect
dewynnyen
dewynnyes
dewynnya
dewynnyen
dewynnyewgh
dewynnyens
dewynnys

Imperative

-
dewyn / dewyny before pronouns 'e' and 'i'
dewynnyes
dewynnyn
dewynnyewgh
dewynnyens
-

dastewynnya (*to reflect*)

Diank (*to escape*)

present participle: ow tiank			*past participle*: dienkys		
mutations	2 dhienk	3 dienk	4 tienk	5 tienk	5⁺ tienk

Indicative	**Subjunctive**
present	*present*
diankav	dienkiv
dienkydh	dienki
dienk	dianko
dienkyn	dienkyn
dienkowgh	dienkowgh
dienkons	diankons
dienkir	dienker
imperfect	*imperfect*
dienkyn	dianken
dienkys	diankes
dienki	dianka
dienkyn	dianken
dienkewgh	diankewgh
dienkens	diankens
dienkys	dienkys
preterite	**Imperative**
dienkis	-
dienksys	diank
dienkis	dienkes
dienksyn	dienkyn
dienksowgh	dienkewgh
dianksons	dienkens
dienkas	-
pluperfect	
dianksen	
diankses	
dianksa	
dianksen	
dianksewgh	
dianksens	
dienksys	

Diaskorna (*to bone)*

present participle: ow tiaskorna			*past participle*: diaskernys		
mutations	2 dhiaskorn	3 diaskorn	4 tiaskorn	5 tiaskorn	5+ tiaskorn

Indicative	**Subjunctive**
present	*present*
diaskornav	diaskerniv
diaskernydh	diaskerni
diaskorn	diaskorno
diaskernyn	diaskernyn
diaskernowgh	diaskernowgh
diaskornons	diaskornons
diaskernir	diaskorner
imperfect	*imperfect*
diaskornen	diaskornen
diaskornes	diaskornes
diaskorna	diaskorna
diaskornen	diaskornen
diaskornewgh	diaskornewgh
diaskornens	diaskornens
diaskernys	diaskernys
preterite	**Imperative**
diaskernis	-
diaskernsys	diaskorn
diaskornas	diaskornes
diaskernsyn	diaskernyn
diaskernsowgh	diaskernewgh
diaskornsons	diaskornens
diaskornas	-
pluperfect	
diaskornsen	
diaskornses	
diaskornsa	
diaskornsen	
diaskornsewgh	
diaskornsens	
diaskernsys	

Diberth (*to depart, part*)

present participle: ow tiberth			*past participle*: diberthys		
mutations	2 dhiberth	3 diberth	4 tiberth	5 tiberth	5+ tiberth

Indicative	**Subjunctive**
present	*present*
dibarthav	diberthiv
diberthydh	diberthi
diberth	dibartho
diberthyn	diberthyn
diberthowgh	diberthowgh
diberthons	dibarthons
diberthir	dibarther
imperfect	*imperfect*
diberthyn	dibarthen
diberthys	dibarthes
diberthi	dibartha
diberthyn	dibarthen
diberthewgh	dibarthewgh
diberthens	dibarthens
diberthys	diberthys
preterite	**Imperative**
diberthis	-
diberthsys	dibarth
dibarthas	diberthes
diberthsyn	diberthyn
diberthsowgh	diberthewgh
dibarthsons	diberthens
dibarthas	-
pluperfect	
dibarthsen	
dibarthses	
dibarthsa	
dibarthsen	
dibarthsewgh	
dibarthsens	
dibarthsys	

Didhana (*to entertain)*

present participle: ow tidhana			*past participle*: didhenys		
mutations	2 dhidhan	3 didhan	4 tidhan	5 tidhan	5^+ tidhan

Indicative	**Subjunctive**
present	*present*
didhanav	didhynniv
didhenydh	didhynni
didhan	didhanno
didhenyn	didhynnyn
didhenowgh	didhynnowgh
didhanons	didhannons
didhenir	didhanner
imperfect	*imperfect*
didhanen	didhannen
didhanes	didhannes
didhana	didhanna
didhanen	didhannen
didhanewgh	didhannewgh
didhanens	didhannens
didhenys	didhynnys
preterite	**Imperative**
didhenis	-
didhensys	didhan
didhanas	didhanes
didhensyn	didhenyn
didhensowgh	didhenewgh
didhansons	didhanens
didhanas	-
pluperfect	
didhansen	
didhanses	
didhansa	
didhansen	
didhansewgh	
didhansens	
didhensys	

Difen (*to forbid*)

present participle: ow tifen | *past participle*: difenys

mutations 2 dhifen | 3 difen | 4 tifen | 5 tifen | 5^+ tifen

Indicative

present
difennav
difennydh
difen
difennyn
difennowgh
difennons
difennir

imperfect
difennyn
difennys
difenni
difennyn
difennewgh
difennens
difennys

preterite
difennis
difensys
difennas
difensyn
difensowgh
difensons
difennas

pluperfect
difensen
difenses
difensa
difensen
difensewgh
difensens
difensys

Subjunctive

present
difenniv
difenni
difenno
difennyn
difennowgh
difennons
difenner

imperfect
difennen
difennes
difenna
difennen
difennewgh
difennens
difennys

Imperative
-
difen
difennes
difennyn
difennewgh
difennens
-

difen orth (*to forbid*)

Difres (*to protect)*

present participle: ow tifres			*past participle*: difresys		
mutations 2 dhifres	3 difres		4 tifres	5 tifres	5^+ tifres

Indicative	**Subjunctive**
present	*present*
difresav	difressiv
difresydh	difressi
difres	difresso
difresyn	difressyn
difresowgh	difressowgh
difresons	difressons
difresir	difresser
imperfect	*imperfect*
difresen	difressen
difreses	difresses
difresa	difressa
difresen	difressen
difresewgh	difressewgh
difresens	difressens
difresys	difressys
preterite	**Imperative**
difresis	-
difressys	difres
difresas	difreses
difressyn	difresyn
difressowgh	difresewgh
difressons	difresens
difresas	-
pluperfect	
difressen	
difresses	
difressa	
difressen	
difressewgh	
difressens	
difressys	

difres a (*to save from*)

Difudhi (*to extinguish)*

present participle: ow tifudhi			*past participle*: difudhys		
mutations	2 dhifudh	3 difudh	4 tifudh	5 tifudh	5^+ tifudh

Indicative	**Subjunctive**
present	*present*
difudhav	difutthiv
difudhydh	difutthi
difudh	difuttho
difudhyn	difutthyn
difudhowgh	difutthowgh
difudhons	difutthons
difudhir	difutther
imperfect	*imperfect*
difudhyn	difutthen
difudhys	difutthes
difudhas	difuttha
difudhyn	difutthen
difudhewgh	difutthewgh
difudhens	difutthens
difudhys	difutthys
preterite	**Imperative**
difudhis	-
difudhsys	difudh
difudhas	difudhes
difudhsyn	difudhyn
difudhsowgh	difudhewgh
difudhsons	difudhens
difudhas	-
pluperfect	
difudhsen	
difudhses	
difudhsa	
difudhsen	
difudhsewgh	
difudhsens	
difudhsys	

Difuna *(to awake, wake up)*

present participle: ow tifuna — *past participle*: difunys

mutations	2 dhifun	3 difun	4 tifun	5 tifun	5^+ tifun

Indicative

present
difunav
difunydh
difun
difunyn
difunowgh
difunons
difunir

imperfect
difunen
difunes
difuna
difunen
difunewgh
difunens
difunys

preterite
difunis
difunsys
difunas
difunsyn
difunsowgh
difunsons
difunas

pluperfect
difunsen
difunses
difunsa
difunsen
difunsewgh
difunsens
difunsys

Subjunctive

present
difunniv
difunni
difunno
difunnyn
difunnowgh
difunnons
difunner

imperfect
difunnen
difunnes
difunna
difunnen
difunnewgh
difunnens
difunnys

Imperative

-
difun
difunes
difunyn
difunewgh
difunens
-

Difygya *(to fail)*

present participle: ow tifygya   *past participle*: difygys/difygyes

mutations 2 dhifyk 3 difyk 4 tifyk 5 tifyk 5^+ tifyk

Indicative

present
difygyav
difygydh
difyk
difygyn
difygyowgh
difygyons
difygir

imperfect
difygyen
difygyes
difygya
difygyen
difygyewgh
difygyens
difygys

preterite
difygis
difygsys
difygyas
difygsyn
difygsowgh
difygsons
difygyas

pluperfect
difygsen
difygses
difygsa
difygsen
difygsewgh
difygsens
difygsys

Subjunctive

present
difykkiv
difykki
difykkyo
difykkyn
difykkyowgh
difykkyons
difykkyer

imperfect
difykkyen
difykkyes
difykkya
difykkyen
difykkyewgh
difykkyens
difykkys

Imperative

-
difyk / difygy before pronouns 'e' and 'i'
difygyes
difygyn
difygyewgh
difygyens
-

Digevelsi (*to disjoint)*

present participle: ow tigevelsi			*past participle*: digevelsys		
mutations	2 dhigevels	3 digevels	4 tigevels	5 tigevels	5+ tigevels

Indicative	**Subjunctive**
present	*present*
digevalsav	digevelsiv
digevelsydh	digevelsi
digevels	digevelso
digevelsyn	digevelsyn
digevelsowgh	digevelsowgh
digevelsons	digevelsons
digevelsir	digevalser
imperfect	*imperfect*
digevelsyn	digevalsen
digevelsys	digevalses
digevelsi	digevalsa
digevelsyn	digevalsen
digevelsewgh	digevalsewgh
digevelsens	digevalsens
digevelsys	digevelsys
preterite	**Imperative**
digevelsis	-
digevelssys	digevals
digevalsas	digevelses
digevelssyn	digevelsyn
digevelssowgh	digevelsewgh
digevelssons	digevelsens
digevalsas	-
pluperfect	
digevelsen	
digevelses	
digevelsa	
digevelsen	
digevelsewgh	
digevelsens	
digevelsys	

kevelsi (*to articulate*)

Dilestra (*to disembark*)

present participle: ow tilestra — *past participle*: dilestrys

mutations	2 dhilester	3 dilester	4 tilester	5 tilester	5^+ tilester

Indicative	**Subjunctive**
present	*present*
dilestrav	dilestriv
dilestrydh	dilestri
dilester	dilestro
dilestryn	dilestryn
dilestrowgh	dilestrowgh
dilestrons	dilestrons
dilestrir	dilestrer
imperfect	*imperfect*
dilestren	dilestren
dilestres	dilestres
dilestra	dilestra
dilestren	dilestren
dilestrewgh	dilestrewgh
dilestrens	dilestrens
dilestrys	dilestrys
preterite	**Imperative**
dilestris	-
dilestersys	dilester
dilestras	dilestres
dilestersyn	dilestryn
dilestersowgh	dilestrewgh
dilestersons	dilestrens
dilestras	-
pluperfect	
dilestersen	
dilesterses	
dilestersa	
dilestersen	
dilestersewgh	
dilestersens	
dilestersys	

lestra (*to embark*)

Dillasa (*to clothe)*

present participle: ow tillasa			*past participle*: dillesys		
mutations	2 dhillas	3 dillas	4 tillas	5 tillas	5^+ tillas

Indicative	**Subjunctive**
present	*present*
dillasav	dillyssiv
dillesydh	dillyssi
dillas	dillasso
dillesyn	dillyssyn
dillesowgh	dillyssowgh
dillasons	dillassons
dillesir	dillasser
imperfect	*imperfect*
dillasyn	dillassen
dillasys	dillasses
dillasa	dillassa
dillasyn	dillassen
dillasewgh	dillassewgh
dillasens	dillassens
dillesys	dillyssys
preterite	**Imperative**
dillesis	-
dillessys	dillas
dillasas	dillases
dillessyn	dillesyn
dillessowgh	dillesewgh
dillassons	dillasens
dillasas	-
pluperfect	
dillassen	
dillasses	
dillassa	
dillassen	
dillassewgh	
dillassens	
dillessys	

Dinewi (*to pour, flow*)

present participle: ow tinewi			*past participle*: dinewys		
mutations	2 dhinwa	3 dinwa	4 tinwa	5 tinwa	5^{+} tinwa

Indicative

present
dinowav
dinewydh
dinwa
dinewyn
dinewowgh
dinewons
dinewir

imperfect
dinewyn
dinewys
dinewi
dinewyn
dinewewgh
dinewens
dinewys

preterite
dinewis
dinewsys
dinewis
dinewsyn
dinewsowgh
dinowsons
dinewis

pluperfect
dinowsen
dinowses
dinowsa
dinowsen
dinowsewgh
dinowsens
dinewsys

Subjunctive

present
dinewiv
dinewi
dinowo
dinewyn
dinewowgh
dinowons
dinewer

imperfect
dinowen
dinowes
dinowa
dinowen
dinowewgh
dinowens
dinewys

Imperative

-
dinow
dinewes
dinewyn
dinewewgh
dinewens
-

Dinythi (*to give birth)*

present participle: ow tinythi			*past participle*: dinythys		
mutations	2 dhinyth	3 dinyth	4 tinyth	5 tinyth	5^+ tinyth

Indicative	**Subjunctive**
present	*present*
dinythav	dinytthiv
dinythydh	dinytthi
dinyth	dinyttho
dinythyn	dinytthyn
dinythowgh	dinytthowgh
dinythons	dinytthons
dinythir	dinytther
imperfect	*imperfect*
dinythyn	dinytthen
dinythys	dinytthes
dinythi	dinyttha
dinythyn	dinytthen
dinythewgh	dinytthewgh
dinythens	dinytthens
dinythys	dinytthys
preterite	**Imperative**
dinythis	-
dinythsys	dinyth
dinythis	dinythes
dinythsyn	dinythyn
dinythsowgh	dinythewgh
dinythsons	dinythens
dinythis	-
pluperfect	
dinythsen	
dinythses	
dinythsa	
dinythsen	
dinythsewgh	
dinythsens	
dinythsys	

Diskwedhes (*to show*)

present participle: ow tiskwedhes			*past participle*: diskwedhys		
mutations	2 dhiskwa	3 diskwa	4 tiskwa	5 tiskwa	5^+ tiskwa

Indicative

present
diskwedhav
diskwedhydh
diskwa/diskwedh
diskwedhyn
diskwedhowgh
diskwedhons
diskwedhir

imperfect
diskwedhyn
diskwedhys
diskwedhi
diskwedhyn
diskwedhewgh
diskwedhens
diskwedhys

preterite
diskwedhis
diskwedhsys
diskwedhas
diskwedhsyn
diskwedhsowgh
diskwedhsons
diskwedhas

pluperfect
diskwedhsen
diskwedhsys
diskwedhsa
diskwedhsen
diskwedhsewgh
diskwedhsens
diskwedhsys

Subjunctive

present
diskwetthiv
diskwetthi
diskwettho
diskwetthyn
diskwetthowgh
diskwetthons
diskwetther

imperfect
diskwetthen
diskwetthes
diskwettha
diskwetthen
diskwetthewgh
diskwetthens
diskwetthys

Imperative

-
diskwa/diskwedh
diskwedhes
diskwedhyn
diskwedhewgh
diskwedhens
-

Dismygi (*to imagine, surmise*)

present participle: ow tismygi			*past participle*: dismygys		
mutations	2 dhismyk	3 dismyk	4 tismyk	5 tismyk	5^+ tismyk

Indicative

present
dismygav
dismygydh
dismyk
dismygyn
dismygowgh
dismygons
dismygir

imperfect
dismygyn
dismygys
dismygi
dismygyn
dismygewgh
dismygens
dismygys

preterite
dismygis
dismygsys
dismygas
dismygsyn
dismygsowgh
dismygsons
dismygas

pluperfect
dismygsen
dismygses
dismygsa
dismygsen
dismygsewgh
dismygsens
dismygsys

Subjunctive

present
dismykkiv
dismykki
dismykko
dismykkyn
dismykkowgh
dismykkons
dismykker

imperfect
dismykken
dismykkes
dismykka
dismykken
dismykkewgh
dismykkens
dismykkys

Imperative

-
dismyk
dismyges
dismygyn
dismygewgh
dismygens
-

Distrui (*to destroy*)

present participle: ow tistrui — *past participle*: distruys

mutations	2 dhistru	3 distru	4 tistru	5 tistru	5^+ tistru

Indicative	**Subjunctive**
present	*present*
distruav	distruiv
distruydh	distrui
distru	distruo
distruyn	distruyn
distruowgh	distruowgh
distruons	distruons
distruir	distruer
imperfect	*imperfect*
distruyn	distruen
distruys	distrues
distrui	distrua
distruyn	distruen
distruewgh	distruewgh
distruens	distruens
distruys	distruys
preterite	**Imperative**
distruis	-
distrusys	distru
distruis	distrues
distrusyn	distruyn
distrusowgh	distruewgh
distrusons	distruens
distruis	-
pluperfect	
distrusen	
distruses	
distrusa	
distrusen	
distrusewgh	
distrusens	
distrusys	

Divroa (*to exile*)

present participle: ow tivroa			*past participle*: divres		
mutations	2 dhivro	3 divro	4 tivro	5 tivro	5^+ tivro

Indicative

present
divroav
divroyydh
divro
divroyyn
divroyowgh
divroyons
divroyir

imperfect
divroyen
divroyes
divroya
divroyen
divroyewgh
divroyens
divroyys

preterite
divroyis
divrosys
divroas
divrosyn
divrosowgh
divrosons
divroas

pluperfect
divrosen
divroses
divrosa
divrosen
divrosewgh
divrosens
divrosys

Subjunctive

present
divroyiv
divroyi
divroyo
divroyyn
divroyowgh
divroyons
divroyer

imperfect
divroyen
divroyes
divroya
divroyen
divroyewgh
divroyens
divroyys

Imperative

-
divro
divroyes
divroyyn
divroyewgh
divroyens
-

Diwedha (*to finish*)

present participle: ow tiwedha			*past participle*: diwedhys		
mutations	2 dhiwedh	3 diwedh	4 tiwedh	5 tiwedh	5^+ tiwedh

Indicative	**Subjunctive**
present	*present*
diwedhav	diwetthiv
diwedhydh	diwetthi
diwedh	diwettho
diwedhyn	diwetthyn
diwedhowgh	diwetthowgh
diwedhons	diwetthons
diwedhir	diwetther
imperfect	*imperfect*
diwedhen	diwetthen
diwedhes	diwetthes
diwedha	diwettha
diwedhen	diwetthen
diwedhewgh	diwetthewgh
diwedhens	diwetthens
diwedhys	diwetthys
preterite	**Imperative**
diwedhis	-
diwedhsys	diwedh
diwedhas	diwedhes
diwedhsyn	diwedhyn
diwedhsowgh	diwedhewgh
diwedhsons	diwedhens
diwedhas	-
pluperfect	
diwedhsen	
diwedhses	
diwedhsa	
diwedhsen	
diwedhsewgh	
diwedhsens	
diwedhsys	

tebeldhiwedha (*to come to a sticky end*)

Domhwel (*to overthrow*)

present participle: ow tomhwel			*past participle*: domhwelys		
mutations	2 dhomhwel	3 domhwel	4 tomhwel	5 tomhwel	5^+ tomhwel

Indicative

present
domhwelav
domhwelydh
domhwel
domhwelyn
domhwelowgh
domhwelons
domhwelir

imperfect
domhwelen
domhweles
domhwela
domhwelen
domhwelewgh
domhwelens
domhwelys

preterite
domhwelis
domhwelsys
domhwelis
domhwelsyn
domhwelsowgh
domhwelsons
domhwelis

pluperfect
domhwelsen
domhwelses
domhwelsa
domhwelsen
domhwelsewgh
domhwelsens
domhwelsys

Subjunctive

present
domhwelliv
domhwelli
domhwello
domhwellyn
domhwellowgh
domhwellons
domhweller

imperfect
domhwellen
domhwelles
domhwella
domhwellen
domhwellewgh
domhwellens
domhwellys

Imperative

-
domhwel
domhweles
domhwelyn
domhwelewgh
domhwelens
-

Don/degi (*to carry*)

present participle: ow ton/ow tegi			*past participle*: degys		
mutations 2 dheg	3 deg		4 teg	5 teg	5^+ teg

Indicative	**Subjunctive**
present	*present*
degav	dykkiv
degedh	dykki
deg	dokko
degon	dykkyn
degowgh	dykkowgh
degons	dokkons
degir	dokker
imperfect	*imperfect*
degyn	dekken
degys	dekkes
degi	dekka
degyn	dekken
degewgh	dekkewgh
degens	dekkens
degys	dekkys
preterite	**Imperative**
dug	-
duges	dog
dug	deges
dugon	degyn
dugowgh	degewgh
dugons	degens
dug	-
pluperfect	
degsen	
degses	
degsa	
degsen	
degsewgh	
degsens	
degsys	

'omdhon (*to bear a child*)
om'dhoon (*to behave*)

Dos/dones/devones/devos (*to come*)

present participle: ow tos/ow tones			*past participle*: devedhys		
mutations	2 dheu	3 deu	4 teu	5 teu	5^+ teu

Indicative		**Subjunctive**
present		*present*
dov		dyffiv
deudh		dyffi
deu		deffo
deun		dyffyn
dewgh		dyffowgh
dons		deffons
deer		deffer
imperfect		*imperfect*
den		deffen
des		deffes
do		deffa
den		deffen
dewgh		deffewgh
dens		deffens
des		deffes
preterite	*perfect*	**Imperative**
deuth	deuvev	-
deuthys	deuves	deus
deuth	deuva	des
deuthen	deuven	deun
deuthewgh	deuvewgh	dewgh
deuthons	deuvons	dens
deuthes	deuves	-
pluperfect		
dothyen		
dothyes		
dothya		
dothyen		
dothyewgh		
dothyens		
dothyes		

dos ha ….(*to happen to…*)
dos erbynn (*to meet*)
dos yn (*to come into*)

Drehedhes (*to reach*)

present participle: ow trehedhes			*past participle*: drehedhys		
mutations	2 dhrehedh	3 drehedh	4 trehedh	5 trehedh	5^{+} trehedh

Indicative	**Subjunctive**
present	*present*
drehedhav	drehetthiv
drehedhydh	drehetthi
drehedh	drehettho
drehedhyn	drehetthyn
drehedhowgh	drehetthowgh
drehedhons	drehetthons
drehedhir	drehetther
imperfect	*imperfect*
drehedhyn	drehetthen
drehedhys	drehetthes
drehedhi	drehettha
drehedhyn	drehetthen
drehedhewgh	drehetthewgh
drehedhens	drehetthens
drehedhys	drehetthys
preterite	**Imperative**
drehedhis	-
drehedhsys	drehedh
drehedhas	drehedhes
drehedhsyn	drehedhyn
drehedhsowgh	drehedhewgh
drehedhsons	drehedhens
drehedhas	-
pluperfect	
drehedhsen	
drehedhses	
drehedhsa	
drehedhsen	
drehedhsewgh	
drehedhsens	
drehedhsys	

drehedhes + *direct object (to reach)*

Drehevel (*to raise, build*)

present participle: ow trehevel			*past participle*: drehevys		
mutations	2 dhrehav	3 drehav	4 trehav	5 trehav	5^+ trehav

Indicative

present
drehavav
drehevydh
drehav (dreha, derev)
drehevyn
drehevowgh
drehevons
drehevir

imperfect
drehevyn
drehevys
drehevi
drehevyn
drehevewgh
drehevens
drehevys

preterite
drehevis
drehevsys
drehevis (derevis)
drehevsyn
drehevsowgh
drehavsons
drehevis

pluperfect
drehavsen
drehavses
drehavsa
drehavsen
drehavsewgh
drehavsens
drehevsys

Subjunctive

present
dreheffiv
dreheffi
drehaffo
dreheffyn
dreheffowgh
drehaffons
dreheffer

imperfect
drehaffen
drehaffes
drehaffa
drehaffen
drehaffewgh
drehaffens
dreheffys

Imperative

-
drehav (dreva)
dreheves
drehevyn
drehevewgh
drehevens
-

Dri (*to bring*)

present participle: ow tri			*past participle*: dres		
mutations	2 dhre	3 dre	4 tre	5 tre	5^+ tre

Indicative	**Subjunctive**
present	*present*
drov	drylliv
dredh	drylli
dre	drollo
dren	dryllyn
drowgh	dryllowgh
drons	drollons
drer	droller
imperfect	*imperfect*
dren	drollen
dres	drolles
dri	drolla
dren	drollen
drewgh	drollewgh
drens	drollens
dres	drollys
preterite	**Imperative**
dres	-
dresys	dro/doro/doroy
dros	dres
dresen	dren
dresowgh	drewgh
drosons	drens
dros	-
pluperfect	
drosen	
droses	
drosa	
drosen	
drosewgh	
drosens	
drosys	

Dybri (*to eat*)

present participle: ow tybri — *past participle*: dybrys

mutations	2 dheber	3 deber	4 teber	5 teber	5+ teber

Indicative	**Subjunctive**
present	*present*
debrav	dyppriv
dybrydh	dyppri
deber	deppro
dybryn	dyppryn
debrowgh	dypprowgh
debrons	depprons
dybir	deppeer
imperfect	*imperfect*
dybryn	deppren
dybrys	deppres
dybri	deppra
dybryn	deppren
dybrewgh	depprewgh
dybrens	depprens
dybrys	depprys
preterite	**Imperative**
dybris	-
dyb'sys	deber
dybris	dybres
dyb'syn	dybryn
dyb'sowgh	dybrewgh
dyb'sons	dybrens
dybris	-
pluperfect	
dyb'sen	
dyb'ses	
dyb'sa	
dyb'sen	
dyb'sewgh	
dyb'sens	
dyb'sys	

Dyghtya (*to manage, prepare, deal with*)

present participle: ow tyghtya — *past participle*: dyghtys/dyghtyes

mutations	2 dhyght	3 dyght	4 tyght	5 tyght	5^{+} tyght

Indicative

present
dyghtyav
dyghtydh
dyght
dyghtyn
dyghtyowgh
dyghtyons
dyghtir

imperfect
dyghtyen
dyghtyes
dyghtya
dyghtyen
dyghtyewgh
dyghtyens
dyghtys

preterite
dyghtis
dyghtsys
dyghtyas
dyghtsyn
dyghtsowgh
dyghtsons
dyghtyas

pluperfect
dyghtsen
dyghtses
dyghtsa
dyghtsen
dyghtsewgh
dyghtsens
dyghtsys

Subjunctive

present
dyghtiv
dyghti
dyghtyo
dyghtyn
dyghtyowgh
dyghtyons
dyghtyer

imperfect
dyghtyen
dyghtyes
dyghtya
dyghtyen
dyghtyewgh
dyghtyens
dyghtys

Imperative

-
dyght / dyghty before prepositions 'e' and 'i'
dyghtyes
dyghtyn
dyghtyewgh
dyghtyens
-

tebeldhyghtya (*to abuse*)

Dyllo (*to issue, publish, release*)

present participle: ow tyllo — *past participle*: dyllys

mutations	2 dhyllo	3 dyllo	4 tyllo	5 tyllo	5^+ tyllo

Indicative	**Subjunctive**
present	*present*
dyllav	dylliv
dyllydh	dylli
dyllo	dello
dyllyn	dyllyn
dyllowgh	dyllowgh
dyllons	dellons
dyllir	dyller
imperfect	*imperfect*
dyllyn	dellen
dyllys	delles
dylli	della
dyllyn	dellyn
dyllewgh	dellewgh
dyllens	dellens
dyllys	dellys
preterite	**Imperative**
delles	-
dellesys	dyllo
dellos	dylles
dellesyn	dyllyn
dellesowgh	dyllewgh
dellesons	dyllens
dellos	-
pluperfect	
dyllsen	
dyllses	
dyllsa	
dyllsen	
dyllsewgh	
dyllsens	
dyllsys	

dastyllo *(to republish)*
gordhyllo (*to sack someone*)

Dynerghi (*to welcome*)

present participle: ow tynerghi			*past participle*: dynerghys		
mutations	2 dhynnergh	3 dynnergh	4 tynnergh	5 tynnergh	5⁺ tynnergh

Indicative	**Subjunctive**
present	*present*
dynarghav	dynerghiv
dynerghydh	dynerghi
dynnergh	dynargho
dynerghyn	dynerghyn
dynerghowgh	dynerghowgh
dynerghons	dynarghens
dynerghir	dynergher
imperfect	*imperfect*
dynerghyn	dynarghen
dynerghys	dynarghes
dynerghi	dynargha
dynerghyn	dynarghyn
dynerghewgh	dynarghewgh
dynerghens	dynarghens
dynerghys	dynarghys
preterite	**Imperative**
dynerghis	-
dynerghsys	dynnargh
dynerghis	dynerghes
dynerghsyn	dynerghyn
dynerghsowgh	dynerghewgh
dynerghsons	dynerghens
dynerghis	-
pluperfect	
dynarghsen	
dynarghses	
dynarghsa	
dynarghsen	
dynarghsewgh	
dynarghsens	
dynarghsys	

Dynya (to entice)

2present participle: ow tynya — *past participle*: dynys/dynyes

mutations	2 dhyn	3 dyn	4 tyn	5 tyn	5^+ tyn

Indicative

present
dynyav
dynydh
dyn
dynyn
dynyowgh
dynyons
dynir

imperfect
dynyen
dynyes
dynya
dynyen
dynyewgh
dynyens
dynys

preterite
dynis
dynsys
dynyas
dynsyn
dynsowgh
dynsons
dynyas

pluperfect
dynsen
dynses
dynsa
dynsen
dynsewgh
dynsens
dynsys

Subjunctive

present
dynniv
dynni
dynnyo
dynnyn
dynnyowgh
dynnyons
dynnyer

imperfect
dynnyen
dynnyes
dynnya
dynnyen
dynnyewgh
dynnyens
dynnys

Imperative

-
dyn / dyny before pronouns 'e' and 'i'
dynyes
dynyn
dynyewgh
dynyens
-

ardhynya (*to seduce*)

Dyski (*to teach, learn*)

present participle: ow tyski — *past participle*: dyskys

mutations	2 dhysk	3 dysk	4 tysk	5 tysk	5^+ tysk

Indicative	**Subjunctive**
present	*present*
dyskav	dyskiv
dyskydh	dyski
dysk	dysko
dyskyn	dyskyn
dyskowgh	dyskowgh
dyskons	dyskons
dyskir	dysker
imperfect	*imperfect*
dyskyn	dysken
dyskys	dyskes
dyski	dyska
dyskyn	dysken
dyskewgh	dyskewgh
dyskens	dyskens
dyskys	dyskys
preterite	**Imperative**
dyskis	-
dys'sys	dysk
dyskas	dyskes
dys'syn	dyskyn
dys'sowgh	dyskewgh
dys'sons	dyskens
dyskas	-
pluperfect	
dys'sen	
dys'ses	
dys'sa	
dys'sen	
dys'sewgh	
dys'sens	
dys'sys	

adhyski (*to educate*)

dyski dhe (*to teach*)
dyski gans (*to learn from*)

Enebi (*to oppose*)

present participle: owth enebi			*past participle*: enebys	
mutations -	-	-	-	-

Indicative	**Subjunctive**
present	*present*
enebav	eneppiv
enebydh	eneppi
enep	eneppo
enebyn	eneppyn
enebowgh	eneppowgh
enebons	eneppons
enebir	enepper
imperfect	*imperfect*
enebyn	eneppen
enebys	eneppes
enebi	eneppa
enebyn	eneppen
enebewgh	eneppewgh
enebens	eneppens
enebys	eneppys
preterite	**Imperative**
enebis	-
enebsys	enep
enebas	enebes
enebsyn	enebyn
enebsowgh	enebewgh
enebsons	enebens
enebas	-
pluperfect	
enebsen	
enebses	
enebsa	
enebsen	
enebsewgh	
enebsens	
enebsys	

Entra (*to enter*)

present participle: owth entra

past participle: entrys

mutations - - - - -

Indicative

present
entrav
entrydh
enter
entryn
entrowgh
entrons
entrir

imperfect
entren
entres
entra
entren
entrewgh
entrens
entrys

preterite
entris
entersys
entras
entersyn
entersowgh
entersons
entras

pluperfect
entersen
enterses
entersa
entersen
entersewgh
entersens
entersys

Subjunctive

present
entriv
entri
entro
entryn
entrowgh
entrons
entrer

imperfect
entren
entres
entra
entren
entrewgh
entrens
entrys

Imperative
-
enter
entres
entryn
entrewgh
entrens
-

entra dhe (*to enter in*)

Erghi (*to order*)

present participle: owth erghi			*past participle*: erghys	
mutations -	-	-	-	-

Indicative

present
arghav
erghydh
ergh
erghyn
erghowgh
erghons
erghir

imperfect
erghyn
erghys
erghi
erghyn
erghewgh
erghens
erghys

preterite
erghis
erghsys
erghis
erghsyn
erghsowgh
erghsons
erghis

pluperfect
arghsen
arghses
arghsa
arghsen
arghsewgh
arghsens
erghsys

Subjunctive

present
erghiv
erghi
argho
erghyn
erghowgh
arghons
ergher

imperfect
arghen
arghes
argha
arghen
arghewgh
arghens
erghys

Imperative

-
argh
erghes
erghyn
erghewgh
erghens
-

ragerghi (*to book, reserve*)

erghi nebonan a wul neppyth (*to order someone to do something*)

Ervira (*to decide*)

present participle: owth ervira			*past participle*: ervirys	
mutations -	-	-	-	-

Indicative	**Subjunctive**
present	*present*
ervirav	ervirriv
ervirydh	ervirri
ervir	ervirro
erviryn	ervirryn
ervirowgh	ervirrowgh
ervirons	ervirrons
ervirir	ervirrer
imperfect	*imperfect*
erviren	ervirren
ervires	ervirres
ervira	ervirra
erviren	ervirryn
ervirewgh	ervirrewgh
ervirens	ervirrens
ervirys	ervirrys
preterite	**Imperative**
erviris	-
ervirsys	ervir
erviras	ervires
ervirsyn	erviryn
ervirsowgh	ervirewgh
ervirsons	ervirens
erviras	-
pluperfect	
ervirsen	
ervirses	
ervirsa	
ervirsen	
ervirsewgh	
ervirsens	
ervirsys	

Esedha (*to sit*)

present participle: owth esedha			*past participle*: esedhys	
mutations -	-	-	-	-

Indicative	**Subjunctive**
present	*present*
esedhav	esetthiv
esedhydh	esetthi
esedh	esettho
esedhyn	esetthyn
esedhowgh	esetthowgh
esedhons	esetthons
esedhir	esetther
imperfect	*imperfect*
esedhen	esetthen
esedhes	esetthes
esedha	esettha
esedhen	esetthen
esedhewgh	esetthewgh
esedhens	esetthens
esedhys	esetthys
preterite	**Imperative**
esedhis	-
esedhsys	esedh
esedhas	esedhes
esedhsyn	esedhyn
esedhsowgh	esedhewgh
esedhsons	esedhens
esedhas	-
pluperfect	
esedhsen	
esedhses	
esedhsa	
esedhsen	
esedhsewgh	
esedhsens	
esedhsys	

Eva (*to drink*)

present participle: owth eva			*past participle*: evys		
mutations	-	-	-	-	-

Indicative	**Subjunctive**
present	*present*
evav	yffiv
evydh	yffi
yv	effo
evyn	yffyn
evowgh	yffowgh
evons	effons
evir	effer
imperfect	*imperfect*
even	effen
eves	effes
eva	effa
even	effen
evewgh	effewgh
evens	effens
evys	effys
preterite	**Imperative**
evis	-
evsys	yv
evas	eves
evsyn	evyn
evsowgh	evewgh
evsons	evens
evas	-
pluperfect	
evsen	
evses	
evsa	
evsen	
evsewgh	
evsens	
evsys	

Fagla (*to (in)flame*)

present participle: ow fagla | *past participle*: feglys

mutations - - - - -

Indicative

present
faglav
feglydh
fagel
feglyn
feglowgh
faglons
feglir

imperfect
faglen
fagles
fagla
faglen
faglewgh
faglens
feglys

preterite
feglis
feg'sys
faglas
feg'syn
feg'sowgh
fag'sons
faglas

pluperfect
fag'sen
fag'ses
fag'sa
fag'sen
fag'sewgh
fag'sens
feg'sys

Subjunctive

present
fykkliv
fykkli
fakklo
fykklyn
fykklowgh
fakklons
fakkler

imperfect
fakklen
fakkles
fakkla
fakklen
fakklewgh
fakklens
fykklys

Imperative

-
fagel
fagles
feglyn
feglewgh
faglens
-

Faglenni (*to torch*)

present participle: ow faglenni		*past participle*: faglennys		
mutations -	-	-	-	-

Indicative	**Subjunctive**
present	*present*
faglennav	faglenniv
faglennydh	faglenni
faglen	faglenno
faglennyn	faglennyn
faglennowgh	faglennowgh
faglennons	faglennons
faglennir	faglenner
imperfect	*imperfect*
faglennyn	faglennen
faglennys	faglennes
faglenni	faglenna
faglennyn	faglennen
faglennewgh	faglennewgh
faglennens	faglennens
faglennys	faglennys
preterite	**Imperative**
faglennis	-
faglensys	faglen
faglennas	faglennes
faglensyn	faglennyn
faglensowgh	faglennewgh
faglensons	faglennens
faglennas	-
pluperfect	
faglensen	
faglenses	
faglensa	
faglensen	
faglensewgh	
faglensens	
faglensys	

Fara (*to behave*)

present participle: ow fara			*past participle*: ferys	
mutations -	-	-	-	-

Indicative	**Subjunctive**
present	*present*
farav	fyrriv
ferydh	fyrri
far	farro
feryn	fyrryn
ferowgh	fyrrowgh
farons	farrons
ferir	farrer
imperfect	*imperfect*
faren	farren
fares	farres
fara	farra
faren	farren
farewgh	farrewgh
farens	farrens
ferys	fyrrys
preterite	**Imperative**
feris	-
fersys	far
faras	fares
fersyn	feryn
fersowgh	ferewgh
farsons	farens
faras	-
pluperfect	
farsen	
farses	
farsa	
farsen	
farsewgh	
farsens	
fersys	

tebelfara (*to misbehave*)

Fastya (*to tighten*)

present participle: ow fastya			*past participle*: festys/fastyes	
mutations -	-	-	-	-

Indicative	**Subjunctive**
present	*present*
fastyav	fystiv
festydh	fysti
fast	fasto
festyn	fystyn
festyowgh	fystyowgh
fastyons	fastyons
festir	fastyer
imperfect	*imperfect*
fastyen	fastyen
fastyes	fastyes
fastya	fastya
fastyen	fastyen
fastyewgh	fastyewgh
fastyens	fastyens
fastys	fastys
preterite	**Imperative**
festis	-
fes'sys	fast / fasty before pronouns 'e' and 'i'
fastyas	fastyes
fes'syn	festyn
fes'sowgh	festyewgh
fas'sons	fastyens
fastas	-
pluperfect	
fas'sen	
fas'ses	
fas'sa	
fas'sen	
fas'sewgh	
fas'sens	
fas'sys	

fastya orth (*to fasten to*)

Fekla (*to flatter*)

present participle: ow fekla		*past participle*: feklys		
mutations -	-	-	-	-

Indicative	**Subjunctive**
present	*present*
feklav	fekkliv
feklydh	fekkli
fekyl	fekklo
feklyn	fekklyn
feklowgh	fekklowgh
feklons	fekklons
feklir	fekkler
imperfect	*imperfect*
feklen	fekklen
fekles	fekkles
fekla	fekkla
feklen	fekklen
feklewgh	fekklewgh
feklens	fekklens
feklys	fekklys
preterite	**Imperative**
feklis	-
fek'sys	fekyl
feklas	fekles
fek'syn	feklyn
fek'sowgh	feklewgh
fek'sons	feklens
feklas	-
pluperfect	
fek'sen	
fek'ses	
fek'sa	
fek'sen	
fek'sewgh	
fek'sens	
fek'sys	

Fenna (*to overflow*)

present participle: ow fenna			*past participle*: fennys		
mutations	-	-	-	-	-

Indicative	**Subjunctive**
present	*present*
fennav	fenniv
fennydh	fenni
fenn	fenno
fennyn	fennyn
fennowgh	fennowgh
fennons	fennons
fennir	fenner
imperfect	*imperfect*
fennen	fennen
fennes	fennes
fenna	fenna
fennen	fennen
fennewgh	fennewgh
fennens	fennens
fennys	fennys
preterite	**Imperative**
fennis	-
fensys	fenn
fennas	fennes
fensyn	fennyn
fensowgh	fennewgh
fensons	fennens
fennas	-
pluperfect	
fensen	
fenses	
fensa	
fensen	
fensewgh	
fensens	
fensys	

Fetha (*to beat*)

present participle: ow fetha | *past participle*: fethys

mutations - - - - -

Indicative	**Subjunctive**
present	*present*
fethav	fetthiv
fethydh	fetthi
feth	fettho
fethyn	fetthyn
fethowgh	fetthowgh
fethons	fetthons
fethir	fetther
imperfect	*imperfect*
fethen	fetthen
fethes	fetthes
fetha	fettha
fethen	fetthen
fethewgh	fetthewgh
fethens	fetthens
fethys	fetthys
preterite	**Imperative**
fethis	-
fethsys	feth
fethas	fethes
fethsyn	fethyn
fethsowgh	fethewgh
fethsons	fethens
fethas	-
pluperfect	
fethsen	
fethses	
fethsa	
fethsen	
fethsewgh	
fethsens	
fethsys	

Fia (*to flee, retreat, decry*)

present participle: ow fia			*past participle*: fiys	
mutations -	-	-	-	-

Indicative	**Subjunctive**
present	*present*
fiav	fiiv
fiydh	fii
fi	fio
fiyn	fiyn
fiowgh	fiowgh
fions	fions
fiir	fier
imperfect	*imperfect*
fien	fien
fies	fies
fia	fia
fien	fiyn
fiewgh	fiewgh
fiens	fiens
fiys	fiys
preterite	**Imperative**
fiis	-
fisys	fi
fias	fies
fisyn	fiyn
fisowgh	fiewgh
fisons	fiens
fias	-
pluperfect	
fisen	
fises	
fisa	
fisen	
fisewgh	
fisens	
fisys	

Fistena (*to hurry*)

present participle: ow fistena — *past participle*: fistenys

mutations - - - - -

Indicative

present
fistenav
fistenydh
fisten
fistenyn
fistenowgh
fistenons
fistenir

imperfect
fistenen
fistenes
fistena
fistenen
fistenewgh
fistenens
fistenys

preterite
fistenis
fistensys
fistenas
fistensyn
fistensowgh
fistensons
fistenas

pluperfect
fistensen
fistenses
fistensa
fistensen
fistensewgh
fistensens
fistensys

Subjunctive

present
fistenniv
fistenni
fistenno
fistennyn
fistennowgh
fistennons
fistenner

imperfect
fistennen
fistennes
fistenna
fistennen
fistennewgh
fistennens
fistennys

Imperative
-
fisten
fistenes
fistenyn
fistenewgh
fistenens
-

Flammya (*to flame)*

present participle: ow flammya			*past participle*: flemmys/flammyes	
mutations -	-	4-	-	-

Indicative	**Subjunctive**
present	*present*
flammyav	flymmiv
flemmydh	flymmi
flamm	flammyo
flemmyn	flymmyn
flemmyowgh	flymmyowgh
flammyons	flammyons
flemmir	flymmyer
imperfect	*imperfect*
flammyen	flammyen
flammyes	flammyes
flammya	flammya
flammyen	flammyen
flammyewgh	flammyewgh
flammyens	flammyens
flemmys	flymmys
preterite	**Imperative**
flemmis	-
flemsys	flamm
flammyas	flammyes
flemsyn	flemmyn
flemsowgh	flemmyewgh
flamsons	flammyens
flammyas	-
pluperfect	
flamsen	
flamses	
flamsa	
flamsen	
flamsewgh	
flamsens	
flemsys	

Fronna (*to brake*)

present participle: ow fronna			*past participle*: frennys	
mutations -	-	-	-	-

Indicative	**Subjunctive**
present	*present*
fronnav	frenniv
frennydh	frenni
fronn	fronno
frennyn	frennyn
frennowgh	frennowgh
fronnons	fronnons
frennir	fronner
imperfect	*imperfect*
fronnen	fronnen
fronnes	fronnes
fronna	fronna
fronnen	fronnen
fronnewgh	fronnewgh
fronnens	fronnens
frennys	frennys
preterite	**Imperative**
frennis	-
frensys	fronn
fronnas	fronnes
frensyn	frennyn
frensowgh	frennewgh
fronsons	fronnens
fronnas	-
pluperfect	
fronsen	
fronses	
fronsa	
fronsen	
fronsewgh	
fronsens	
frensys	

Fusta (*to split*)

present participle: ow fusta — *past participle*: fustys

mutations - - - - -

Indicative	**Subjunctive**
present	*present*
fustav	fustiv
fustydh	fusti
fust	fusto
fustyn	fustyn
fustowgh	fustowgh
fustons	fustons
fustir	fuster
imperfect	*imperfect*
fusten	fusten
fustes	fustes
fusta	fusta
fusten	fusten
fustewgh	fustewgh
fustens	fustens
fustys	fustys
preterite	**Imperative**
fustis	-
fus'sys	fust
fustas	fustes
fus'syn	fustyn
fus'sowgh	fustewgh
fus'sons	fustens
fustas	-
pluperfect	
fus'sen	
fus'ses	
fus'sa	
fus'sen	
fus'sewgh	
fus'sens	
fus'sys	

Fyllel (*to fail*)

present participle: ow fyllel | *past participle*: fyllys

mutations - - - - -

Indicative	**Subjunctive**
present	*present*
fallav	fylliv
fyllydh	fylli
fyll	fallo
fyllyn	fyllyn
fyllowgh	fyllowgh
fyllons	fallons
fyllir	fyller
imperfect	*imperfect*
fyllyn	fallen
fyllys	falles
fylli	falla
fyllyn	fallen
fyllewgh	fallewgh
fyllens	fallens
fyllys	fyllys
preterite	**Imperative**
fyllis	-
fylsys	fall
fyllis	fylles
fylsyn	fyllyn
fylsowgh	fyllewgh
falsons	fyllens
fyllis	-
pluperfect	
falsen	
falses	
falsa	
falsen	
falsewgh	
falsens	
fylsys	

fyllel a (*to be short of*)
fyllel dhe (*to be lacking*)
fyllel orth (*to fail at*)

Gallos (*to be able to*)

present participle: -			*past participle*: -		
mutations	2 yll	3 gyll	4 kyll	5 hyll	5^+ hyll

Indicative	**Subjunctive**
present	*present*
gallav	gylliv
gyllydh	gylli
gyll	gallo
gyllyn	gyllyn
gyllowgh	gyllowgh
gyllons	gallons
gyllir	galler
imperfect	*imperfect*
gyllyn	gallen
gyllys	galles
gylli	galla
gyllyn	gallen
gyllewgh	gallewgh
gyllens	gallens
gyllys	galles
preterite	**Imperative**
gyllis	-
gylsys	-
gallas	-
gylsyn	-
gylsowgh	-
galsons	-
gallas	-
pluperfect	
galsen	
galses	
galsa	
galsen	
galsewgh	
galsens	
galses/galser	

Garma (*to shout*)

present participle: ow karma — *past participle*: germys

mutations	2 arm	3 garm	4 karm	5 harm	5^+ harm

Indicative	**Subjunctive**
present	*present*
garmav	gyrmiv
germydh	gyrmi
garm	garmo
germyn	gyrmyn
germowgh	gyrmowgh
garmons	garmons
germir	garmer
imperfect	*imperfect*
garmen	garmen
garmes	garmes
garma	garma
garmen	garmen
garmewgh	garmewgh
garmens	garmons
germys	garmys
preterite	**Imperative**
germis	-
germsys	garm
garmas	garmes
germsyn	germyn
germsowgh	germewgh
garmsons	garmens
garmas	-
pluperfect	
garmsen	
garmses	
garmsa	
garmsen	
garmsewgh	
garmsens	
garmsys	

Gasa (*to leave*)

present participle: ow kasa			*past participle*: gesys		
mutations	2 as	3 gas	4 kas	5 has	5^+ has

Indicative	**Subjunctive**
present	*present*
gasav	gyssiv
gesydh	gyssi
gas	gasso
gesyn	gyssyn
gesowgh	gyssowgh
gasons	gassons
gesir	gasser
imperfect	*imperfect*
gasen	gassen
gases	gasses
gasa	gassa
gasen	gassen
gasewgh	gassewgh
gasens	gassens
gesys	gyssys
preterite	**Imperative**
gesis	-
gessys	gas
gasas	gases
gessyn	gesyn
gessowgh	gesewgh
gassons	gasens
gasas	-
pluperfect	
gassen	
gasses	
gassa	
gassen	
gassewgh	
gassens	
gessys	

eskasa (*to forsake*)

gasa dhe (*to allow to*)

Gava (*to forgive*)

present participle: ow kava			*past participle*: gevys		
mutations	2 av	3 gav	4 kav	5 hav	5^+ hav

Indicative	**Subjunctive**
present	*present*
gavav	gyffiv
gevydh	gyffi
gav	gaffo
gevyn	gyffyn
gevowgh	gyffowgh
gavons	gaffons
gevir	gaffer
imperfect	*imperfect*
gaven	gaffen
gaves	gaffes
gava	gaffa
gaven	gaffen
gavewgh	gaffewgh
gavens	gaffens
gevys	gyffys
preterite	**Imperative**
gevis	-
gevsys	gav
gavas	gaves
gevsyn	gevyn
gevsowgh	gevewgh
gavsons	gavens
gavas	-
pluperfect	
gavsen	
gavses	
gavsa	
gavsen	
gavsewgh	
gavsens	
gevsys	

gava dhe (*to forgive*)

Gelwel (*to call*)

present participle: ow kelwel			*past participle*: gelwys		
mutations	2 elow	3 gelow	4 kelow	5 helow	5^+ helow

Indicative	**Subjunctive**
present	*present*
galwav	gelwiv
gelwydh	gelwi
gelow	galwo
gelwyn	gelwyn
gelwowgh	gelwowgh
gelwons	galwons
gelwir	galwer
imperfect	*imperfect*
gelwyn	galwen
gelwys	galwes
gelwi	galwa
gelwyn	galwen
gelwewgh	galwewgh
gelwens	galwens
gelwys	gelwys
preterite	**Imperative**
gelwis	-
gelwsys	galw *(w is silent before a consonant)*
gelwis	gelwes
gelwsyn	gelwyn
gelwsowgh	gelwewgh
galwsons/gawlsons	gelwens
gelwis	-
pluperfect	
galwsen/gawlsen	
galwses/gawlses	
galwsa/gawlsa	
galwsen/gawlsen	
galwsewgh/gawlsewgh	
galwsens/gawlsens	
galwsys/gawlsys	

Godhav/Godhevel (*to suffer, endure)*

present participle: ow kodhav/ow kodhevel			*past participle*: godhevys		
mutations	2 wodhev	3 godhev	4 kodhev	5 hwodhev	5^+ wodhev

Indicative	**Subjunctive**
present	*present*
godhavav	godheffiv
godhevydh	godheffi
godhev	godhaffo
godhevyn	godheffyn
godhevowgh	godheffowgh
godhevons	godhaffons
godhevir	godheffer
imperfect	*imperfect*
godhevyn	godhaffen
godhevys	godhaffes
godhevi	godhaffa
godhevyn	godhaffen
godhevewgh	godhaffewgh
godhevens	godhaffens
godhevys	godheffys
preterite	**Imperative**
godhevis	-
godhevsys	godhav
godhevis	godheves
godhevsyn	godhevyn
godhevsowgh	godhevewgh
godhavsons	godhevens
godhevis	-
pluperfect	
godhavsen	
godhavses	
godhavsa	
godhavsen	
godhavsewgh	
godhavsens	
godhevsys	

Godhvos (*to know*)

present participle: ow kodhvos — *past participle*: godhvedhys

mutations	2 wor	3 gor	4 kor	5 hwor	5^+ wor

Indicative	**Subjunctive**
present	*present*
gonn	godhviv
godhes	godhvi
gor	godhvo
godhon	godhvyn
godhowgh	godhvowgh
godhons	godhvons
godhor	godher
imperfect	*imperfect*
godhyen	godhven
godhyes	godhves
godhya	godhve
godhyen	godhven
godhyewgh	godhvewgh
godhyens	godhvens
godhyes	godhves
preterite	**Imperative**
godhvev	-
godhves	godhvydh
godhva	godhveses
godhven	godhvedhen
godhvewgh	godhvedhewgh
godhvons	godhvedhens
godhves	-

pluperfect	*future*
godhvien	godhvedhav
godhvies	godhvedhydh
godhvia	godhvydh
godhvien	godhvedhyn
godhviewgh	godhvedhowgh
godhviens	godhvedhons
godhvies	godhvedher

Golghi (*to wash*)

present participle: ow kolghi			*past participle*: golghys		
mutations	2 wolgh	3 golgh	4 kolgh	5 hwolgh	5^+ wolgh

Indicative

present
golghav
golghydh
golgh
golghyn
golghowgh
golghons
golghir

imperfect
golghyn
golghys
golghi
golghyn
golghewgh
golghens
golghys

preterite
golghis
golghsys
golghas
golghsyn
golghsowgh
golghsons
golghas

pluperfect
golghsen
golghses
golghsa
golghsen
golghsewgh
golghsens
golghsys

Subjunctive

present
golghiv
golghi
golgho
golghyn
golghowgh
golghons
golgher

imperfect
golghen
golghes
golgha
golghen
golghewgh
golghens
golghys

Imperative

-
golgh
golghes
golghyn
golghewgh
golghens
-

omwolghi (to wash oneself)

Golia (to wound)

present participle: ow kolia			*past participle*: goliys		
mutations	2 woli	3 goli	4 koli	5 hwoli	5^+ woli

Indicative	**Subjunctive**
present	*present*
goliav	goliiv
goliydh	golii
goli	golio
goliyn	goliyn
goliowgh	goliowgh
golions	golions
goliir	golier
imperfect	*imperfect*
golien	golien
golies	golies
golia	golia
golien	golien
goliewgh	goliewgh
goliens	goliens
goliys	goliys
preterite	**Imperative**
goliis	-
golisys	goli
golias	golies
golisyn	goliyn
golisowgh	goliewgh
golisons	goliens
golias	-
pluperfect	
golisen	
golises	
golisa	
golisen	
golisewgh	
golisens	
golisys	

Golya (*to sail, keep watch, feast*)

present participle: ow kolya			*past participle*: golys/golyes		
mutations	2 wool	3 gool	4 kool	5 hwool	5^+ wool

Indicative	**Subjunctive**
present	*present*
golyav	golliv
golydh	golli
gool	gollyo
golyn	gollyn
golyowgh	gollyowgh
golyons	gollyons
golir	gollyer
imperfect	*imperfect*
golyen	gollyen
golyes	gollyes
golya	gollya
golyen	gollyen
golyewgh	gollyewgh
golyens	gollyens
golys	gollys
preterite	**Imperative**
golis	-
golsys	gool
golyas	golyes
golsyn	golyn
golsowgh	golyewgh
golsons	golyens
golyas	-
pluperfect	
golsen	
golses	
golsa	
golsen	
golsewgh	
golsens	
golsys	

Gonis/Gonedha (*to work, cultivate*)

present participle: ow konis / ow konedha *past participle*: gonedhys

mutations	2 wonedh	3 gonedh	4 konedh	5 hwonedh	5^+ wonedh

Indicative	**Subjunctive**
present	*present*
gonedhav	gonetthiv
gonedhydh	gonetthi
gonedh	gonettho
gonedhyn	gonetthyn
gonedhowgh	gonetthowgh
gonedhons	gonetthons
gonedhir	gonetther
imperfect	*imperfect*
gonedhyn	gonetthen
gonedhys	gonetthes
gonedhi	gonettha
gonedhyn	gonetthen
gonedhewgh	gonetthewgh
gonedhens	gonetthens
gonedhys	gonetthys
preterite	**Imperative**
gonedhis	-
gonedhsys	gonedh
gonedhas	gonedhes
gonedhsyn	gonedhyn
gonedhsowgh	gonedhewgh
gonedhsons	gonedhens
gonedhas	-
pluperfect	
gonedhsen	
gonedhses	
gonedhsa	
gonedhsen	
gonedhsewgh	
gonedhsens	
gonedhsys	

kammwonedha *(to blunder)*
kammwonis (*to blunder*)

Gorfenna (*to finish*)

present participle: ow korfenna | *past participle*: gorfennys

mutations	2 worfen	3 gorfen	4 korfen	5 hworfen	5^+ worfen

Indicative

present
gorfennav
gorfennydh
gorfen
gorfennyn
gorfennowgh
gorfennons
gorfennir

imperfect
gorfennen
gorfennes
gorfenna
gorfennen
gorfennewgh
gorfennens
gorfennys

preterite
gorfennis
gorfensys
gorfennas
gorfensyn
gorfensowgh
gorfensons
gorfennas

pluperfect
gorfensen
gorfenses
gorfensa
gorfensen
gorfensewgh
gorfensens
gorfensys

Subjunctive

present
gorfenniv
gorfenni
gorfenno
gorfennyn
gorfennowgh
gorfennons
gorfenner

imperfect
gorfennen
gorfennes
gorfenna
gorfennen
gorfennewgh
gorfennens
gorfennys

Imperative

-
gorfen
gorfennes
gorfennyn
gorfennewgh
gorfennens
-

Gorhemynna (*to command*)

present participle: ow korhemynna *past participle*: gorhemynnys

mutations 2 worhemmyn 3 gorhemmyn 4 korhemmyn 5 hworhemmyn 5⁺ worhemmyn

Indicative	**Subjunctive**
present	*present*
gorhemynnav	gorhemynniv
gorhemynnydh	gorhemynni
gorhemmyn	gorhemynno
gorhemynnyn	gorhemynnyn
gorhemynnowgh	gorhemynnowgh
gorhemynnons	gorhemynnons
gorhemynnir	gorhemynner
imperfect	*imperfect*
gorhemynnen	gorhemynnen
gorhemynnes	gorhemynnes
gorhemynna	gorhemynna
gorhemynnen	gorhemynnen
gorhemynnewgh	gorhemynnewgh
gorhemynnens	gorhemynnens
gorhemynnys	gorhemynnys
preterite	**Imperative**
gorhemynnis	-
gorhemynsys	gorhemmyn
gorhemynnis	gorhemynnes
gorhemynsyn	gorhemynnyn
gorhemynsowgh	gorhemynnewgh
gorhemynsons	gorhemynnens
gorhemynnis	-
pluperfect	
gorhemynsen	
gorhemynses	
gorhemynsa	
gorhemynsen	
gorhemynsewgh	
gorhemynsens	
gorhemynsys	

gorhemynna dhe (*to order*)

Gormel (*to praise*)

present participle: ow kormel *past participle*: gormelys

mutations	2 wormel	3 gormel	4 kormel	5 hwormel	5^+ wormel

Indicative

present
gormelav
gormelydh
gormel
gormelyn
gormelowgh
gormelons
gormelir

imperfect
gormelen
gormeles
gormela
gormelen
gormelewgh
gormelens
gormelys

preterite
gormelis
gormelsys
gormelas
gormelsyn
gormelsowgh
gormelsons
gormelis

pluperfect
gormelsen
gormelses
gormelsa
gormelsen
gormelsewgh
gormelsens
gormelsys

Subjunctive

present
gormelliv
gormelli
gormello
gormellyn
gormellowgh
gormellons
gormeller

imperfect
gormellen
gormelles
gormella
gormellen
gormellewgh
gormellens
gormellys

Imperative

-
gormel
gormeles
gormelyn
gormelewgh
gormelens
-

Gorra (*to put*)

present participle: ow korra			*past participle*: gorrys		
mutations	2 worr	3 gorr	4 korr	5 hworr	5^+ worr

Indicative	**Subjunctive**
present	*present*
gorrav	gorriv
gorrydh	gorri
gorr	gorro
gorryn	gorryn
gorrowgh	gorrowgh
gorrons	gorrons
gorrir	gorrer
imperfect	*imperfect*
gorren	gorren
gorres	gorres
gorra	gorra
gorren	gorren
gorrewgh	gorrewgh
gorrens	gorrens
gorrys	gorrys
preterite	**Imperative**
gorris	-
gorsys	gorr
gorras	gorres
gorsyn	gorryn
gorsowgh	gorrewgh
gorsons	gorrens
gorras	-
pluperfect	
gorsen	
gorses	
gorsa	
gorsen	
gorsewgh	
gorsens	
gorsys	

askorra (*to produce*) omdhaskorr (*to surrender*) keskorra (*to collate*)
eskorra (*to output*) keworra (*to add*)

With single 'r' in the indicative tenses and imperative:
daskor *(restore)* hepkor *(to renounce)*

Gorthebi (*to answer*)

present participle: ow korthebi			*past participle*: gorthebys		
mutations	2 worthyp	3 gorthyp	4 korthyp	5 hworthyp	5^{+} worthyp

Indicative	**Subjunctive**
present	*present*
gorthebav	gortheppiv
gorthebydh	gortheppi
gorthyp	gortheppo
gorthebyn	gortheppyn
gorthebowgh	gortheppowgh
gorthebons	gortheppons
gorthebir	gorthepper
imperfect	*imperfect*
gorthebyn	gortheppen
gorthebys	gortheppes
gorthebi	gortheppa
gorthebyn	gortheppen
gorthebewgh	gortheppewgh
gorthebens	gortheppens
gorthebys	gortheppys
preterite	**Imperative**
gorthebis	-
gorthebsys	gorthyp
gorthebis	gorthebes
gorthebsyn	gorthebyn
gorthebsowgh	gorthebewgh
gorthebsons	gorthebens
gorthebis	-
pluperfect	
gorthebsen	
gorthebses	
gorthebsa	
gorthebsen	
gorthebsewgh	
gorthebsens	
gorthebsys	

Gortos (*to wait*)

present participle: ow kortos | *past participle*: gortys

mutations	2 worta	3 gorta	4 korta	5 hworta	5+ worta

Indicative	**Subjunctive**
present	*present*
gortav	gortiv
gortydh	gorti
gorta	gorto
gortyn	gortyn
gortowgh	gortowgh
gortons	gortons
gortir	gorter
imperfect	*imperfect*
gorten	gorten
gortes	gortes
gorta	gorta
gorten	gorten
gortewgh	gortewgh
gortens	gortens
gortys	gortys
preterite	**Imperative**
gortis	-
gortsys	gorta
gortas	gortes
gortsyn	gortyn
gortsowgh	gortewgh
gortsons	gortens
gortas	-
pluperfect	
gortsen	
gortses	
gortsa	
gortsen	
gortsewgh	
gortsens	
gortsys	

Goslowes (*to listen*)

present participle: ow koslowes — *past participle*: goslowys

mutations 2 woslow 3 goslow 4 koslow 5 hwoslow 5^{+} woslow

Indicative

present
goslowav
goslowydh
goslow
goslowyn
goslowowgh
goslowons
goslowir

imperfect
goslowyn
goslowys
goslowi
goslowyn
goslowewgh
goslowens
goslowys

preterite
goslowis
goslowsys
goslowas
goslowsyn
goslowsowgh
goslowsons
goslowas

pluperfect
goslowsen
goslowses
goslowsa
goslowsen
goslowsewgh
goslowsens
goslowsys

Subjunctive

present
goslowiv
goslowi
goslowo
goslowyn
goslowowgh
goslowons
goslower

imperfect
goslowen
goslowes
goslowa
goslowen
goslowewgh
goslowens
goslowys

Imperative

-
goslow
goslowes
goslowyn
goslowewgh
goslowens
-

goslowes orth (*to listen to*)

Gostla (*to pawn, wage*)

present participle: ow kostla			*past participle*: gostlys		
mutations	2 wostel	3 gostel	4 kostel	5 hwostel	5^+ wostel

Indicative	**Subjunctive**
present	*present*
gostlav	gostliv
gostlydh	gostli
gostel	gostlo
gostlyn	gostlyn
gostlowgh	gostlowgh
gostlons	gostlons
gostlir	gostler
imperfect	*imperfect*
gostlen	gostlen
gostles	gostles
gostla	gostla
gostlen	gostlen
gostlewgh	gostlewgh
gostlens	gostlens
gostlys	gostlys
preterite	**Imperative**
gostlis	-
gostelsys	gostel
gostlas	gostles
gostelsyn	gostlyn
gostelsowgh	gostlewgh
gostelsons	gostlens
gostlas	-
pluperfect	
gostelsen	
gostelses	
gostelsa	
gostelsen	
gostelsewgh	
gostelsens	
gostelsys	

arwostla (*to pledge*)
kenwostla (*to bet, wager*)
marwostla (*to mortgage*)

Govyn (*to ask*)

present participle: ow kovyn			*past participle*: govynnys		
mutations	2 wovyn	3 govyn	4 kovyn	5 hwovyn	5^+ wovyn

Indicative	**Subjunctive**
present	*present*
govynnav	govynniv
govynnydh	govynni
govyn	govynno
govynnyn	govynnyn
govynnowgh	govynnowgh
govynnons	govynnons
govynnir	govynner
imperfect	*imperfect*
govynnyn	govynnen
govynnys	govynnes
govynni	govynna
govynnyn	govynnen
govynnewgh	govynnewgh
govynnens	govynnens
govynnys	govynnys
preterite	**Imperative**
govynnis	-
govynsys	govyn
govynnas	govynnes
govynsyn	govynnyn
govynsowgh	govynnewgh
govynsons	govynnens
govynnas	-
pluperfect	
govynsen	
govynses	
govynsa	
govynsen	
govynsewgh	
govynsens	
govynsys	

govyn orth (*to ask of*)

Gul/gruthyl/guthyl/gwruthyl (*to do/make*)

present participle: ow kul / kruthyl / kuthyl / kwruthyl *past participle*: gwrys

mutations	2 wra	3 gwra	4 kwra	5 hwra	5^{+} wra

Indicative	**Subjunctive**
present	*present*
gwrav	gwrylliv
gwredh	gwrylli
gwra	gwrello
gwren	gwryllyn
gwrewgh	gwryllowgh
gwrons	gwrellons
gwrer	gwreller
imperfect	*imperfect*
gwren	gwrellen
gwres	gwrelles
gwre	gwrella
gwren	gwrellen
gwrewgh	gwrellewgh
gwrens	gwrellens
gwres	gwrellys
preterite	**Imperative**
gwrug	-
gwrussys	gwra
gwrug	gwres
gwrussyn	gwren
gwrussowgh	gwrewgh
gwrussons	gwrens
gwrug	-
pluperfect	
gwrussen	
gwrusses	
gwrussa	
gwrussen	
gwrussewgh	
gwrussens	
gwrussys	

diswul *(to undo)*
gorwul (*to do strictly*)
kowlwul *(to accomplish)*
omwul *(to pretend)*

gul dhe (*to make s.o. do s.th.)*
gul orth (*to do about s.o./s.th)*

Gwana *(to sting, prick, pierce)*

present participle: ow kwana *past participle*: gwenys

mutations	2 wan	3 gwan	4 kwan	5 hwan	5^{+} wan

Indicative

present
gwanav
gwenydh
gwan
gwenyn
gwenowgh
gwanons
gwenir

imperfect
gwanen
gwanes
gwana
gwanen
gwanewgh
gwanens
gwenys

preterite
gwenis
gwensys
gwanas
gwensyn
gwensowgh
gwansons
gwanas

pluperfect
gwansen
gwanses
gwansa
gwansen
gwansewgh
gwansens
gwensys

Subjunctive

present
gwanniv
gwanni
gwanno
gwannyn
gwannowgh
gwannons
gwanner

imperfect
gwannen
gwannes
gwanna
gwannen
gwannewgh
gwannens
gwynnys

Imperative

-
gwan
gwanes
gwenyn
gwenewgh
gwanens
-

Gwari (*to play*)

present participle: ow kwari *past participle*: gwariys

mutations	2 wari	3 gwari	4 kwari	5 hwari	5^+ wari

Indicative	**Subjunctive**
present	*present*
gwariav	gwariiv
gwariydh	gwarii
gwari	gwario
gwariyn	gwariyn
gwariowgh	gwariowgh
gwarions	gwarions
gwariir	gwarier
imperfect	*imperfect*
gwarien	gwarien
gwaries	gwaries
gwaria	gwaria
gwarien	gwarien
gwariewgh	gwariewgh
gwariens	gwariens
gwariys	gwariys
preterite	**Imperative**
gwariis	-
gwarisys	gwari
gwarias	gwaries
gwarisyn	gwariyn
gwarisowgh	gwariewgh
gwarisons	gwariens
gwarias	-
pluperfect	
gwarisen	
gwarises	
gwarisa	
gwarisen	
gwarisewgh	
gwarisens	
gwarisys	

hapwari (*to gamble*)
rydhwari (*to improvise*)

Gwaska (*to press*)

present participle: ow kwaska			*past participle*: gweskys		
mutations	2 wask	3 gwask	4 kwask	5 hwask	5^+ wask

Indicative	**Subjunctive**
present	*present*
gwaskav	gwyskiv
gweskydh	gwyski
gwask	gwasko
gweskyn	gwyskyn
gweskowgh	gwyskowgh
gwaskons	gwaskons
gweskir	gwasker
imperfect	*imperfect*
gwasken	gwasken
gwaskes	gwaskes
gwaska	gwaska
gwasken	gwasken
gwaskewgh	gwaskewgh
gwaskens	gwaskens
gweskys	gweskys
preterite	**Imperative**
gweskis	-
gwes'sys	gwask
gwaskas	gwaskes
gwes'syn	gweskyn
gwes'sowgh	gweskewgh
gwas'sons	gwaskens
gwaskas	-
pluperfect	
gwas'sen	
gwas'ses	
gwas'sa	
gwas'sen	
gwas'sewgh	
gwas'sens	
gwes'sys	

arwaska (*to oppress*)

Gweles (*to see*)

present participle: ow kweles — *past participle*: gwelys

mutations	2 wel	3 gwel	4 kwel	5 hwel	5^+ wel

Indicative	**Subjunctive**
present	*present*
gwelav	gwelliv
gwelydh	gwelli
gwel	gwello
gwelyn	gwellyn
gwelowgh	gwellowgh
gwelons	gwellons
gwelir	gweller
imperfect	*imperfect*
gwelyn	gwellen
gwelys	gwelles
gweli	gwella
gwelyn	gwellen
gwelewgh	gwellewgh
gwelens	gwellens
gwelys	gwellys
preterite	**Imperative**
gwelis	-
gwelsys	gwel
gwelas	gweles
gwelsyn	gwelyn
gwelsowgh	gwelewgh
gwelsons	gwelens
gwelas	-
pluperfect	
gwelsen	
gwelses	
gwelsa	
gwelsen	
gwelsewgh	
gwelsens	
gwelsys	

gorweles (*to oversee*)

Gweres (*to help*)

present participle: ow kweres   *past participle*: gweresys

mutations	2 weres	3 gweres	4 kweres	5 hweres	5^+ weres

Indicative

present
gweresav
gweresydh
gweres
gweresyn
gweresowgh
gweresons
gweresir

imperfect
gweresen
gwereses
gweresa
gweresen
gweresewgh
gweresens
gweresys

preterite
gweresis
gweressys
gweresas
gweressyn
gweressowgh
gweressons
gweresas

pluperfect
gweressen
gweresses
gweressa
gweressen
gweressewgh
gweressens
gweressys

Subjunctive

present
gweressiv
gweressi
gweresso
gweressyn
gweressowgh
gweressons
gweresser

imperfect
gweressen
gweresses
gweressa
gweressen
gweressewgh
gweressens
gweressys

Imperative

-
gweres
gwereses
gweresyn
gweresewgh
gweresens
-

'omweres (*to take care of oneself/manage*)
om'weres (*to help one another*)

gweres nebonan ow kul neppyth (*to help s.o.to do s.t*)
gweres orth (*to help with*)

Gwerrya (*make war*)

present participle: ow kwerrya			*past participle*: gwerrys/gwerryes		
mutations	2 werr	3 gwerr	4 kwerr	5 hwerr	5^+ werr

Indicative

present
gwerryav
gwerrydh
gwerr
gwerryn
gwerryowgh
gwerryons
gwerrir

imperfect
gwerryen
gwerryes
gwerrya
gwerryen
gwerryewgh
gwerryens
gwerrys

preterite
gwerris
gwersys
gwerryas
gwersyn
gwersowgh
gwersons
gwerryas

pluperfect
gwersen
gwerses
gwersa
gwersen
gwersewgh
gwersens
gwersys

Subjunctive

present
gwerriv
gwerri
gwerryo
gwerryn
gwerryowgh
gwerryons
gwerryer

imperfect
gwerryen
gwerryes
gwerrya
gwerryen
gwerryewgh
gwerryens
gwerrys

Imperative

-
gwerr / gwerry before pronouns 'i' and 'e'
gwerryes
gwerryn
gwerryewgh
gwerryens
-

Gwertha (*to sell*)

present participle: ow kwertha *past participle*: gwerthys

mutations	2 werth	3 gwerth	4 kwerth	5 hwerth	5^+ werth

Indicative	**Subjunctive**
present	*present*
gwerthav	gwerthiv
gwerthydh	gwerthi
gwerth	gwertho
gwerthyn	gwerthyn
gwerthowgh	gwerthowgh
gwerthons	gwerthons
gwerthir	gwerther
imperfect	*imperfect*
gwerthen	gwerthen
gwerthes	gwerthes
gwertha	gwertha
gwerthen	gwerthen
gwerthewgh	gwerthewgh
gwerthens	gwerthens
gwerthys	gwerthys
preterite	**Imperative**
gwerthis	-
gwerthsys	gwerth
gwerthas	gwerthes
gwerthsyn	gwerthyn
gwerthsowgh	gwerthewgh
gwerthsons	gwerthens
gwerthas	-
pluperfect	
gwerthsen	
gwerthses	
gwerthsa	
gwerthsen	
gwerthsewgh	
gwerthsens	
gwerthsys	

kenwertha (*to trade*)
strifwertha (*to auction*)

gwertha a (*to sell at*)

Gweskel (*to hit*)

present participle: ow kweskel — *past participle*: gwyskys

mutations	2 wysk	3 gwysk	4 kwysk	5 hwysk	5⁺ wysk

Indicative	**Subjunctive**
present	*present*
gwaskav	gweskiv
gweskydh	gweski
gwysk	gwasko
gweskyn	gweskyn
gweskowgh	gweskowgh
gweskons	gwaskons
gweskir	gwesker
imperfect	*imperfect*
gweskyn	gwasken
gweskys	gwaskes
gweski	gwaska
gweskyn	gwasken
gweskewgh	gwaskewgh
gweskens	gwaskens
gweskys	gweskys
preterite	**Imperative**
gweskis	-
gwes'sys	gwask
gweskis	gweskes
gwes'syn	gweskyn
gwes'sowgh	gweskewgh
gwas'sons	gweskens
gweskis	-
pluperfect	
gwas'sen	
gwas'ses	
gwas'sa	
gwas'sen	
gwas'sewgh	
gwas'sens	
gwas'sys	

Gwiska (*to dress*)

present participle: ow kwiska *past participle*: gwiskys

mutations	2 wisk	3 gwisk	4 kwisk	5 hwisk	5^+ wisk

Indicative

present
gwiskav
gwiskydh
gwisk
gwiskyn
gwiskowgh
gwiskons
gwiskir

imperfect
gwisken
gwiskes
gwiska
gwisken
gwiskewgh
gwiskens
gwiskys

preterite
gwiskis
gwis'sys
gwiskas
gwis'syn
gwis'sowgh
gwis'sons
gwiskas

pluperfect
gwis'sen
gwis'ses
gwis'sa
gwis'sen
gwis'sewgh
gwis'sens
gwis'sys

Subjunctive

present
gwiskiv
gwiski
gwisko
gwiskyn
gwiskowgh
gwiskons
gwisker

imperfect
gwisken
gwiskes
gwiska
gwisken
gwiskewgh
gwiskens
gwiskys

Imperative

-
gwisk
gwiskes
gwiskyn
gwiskewgh
gwiskens
-

diwiska (*to undress*)
omdhiwiska (*to undress oneself*)
omwiska (*to dress oneself*)
tollwiska (*to disguise*)

Gwitha (*to keep, guard)*

present participle: ow kwitha — *past participle*: gwithys

mutations	2 with	3 gwith	4 kwith	5 hwith	5^+ with

Indicative

present
gwithav
gwithydh
gwith
gwithyn
gwithowgh
gwithons
gwithir

imperfect
gwithen
gwithes
gwitha
gwithen
gwithewgh
gwithens
gwithys

preterite
gwithis
gwithsys
gwithas
gwithsyn
gwithsowgh
gwithsons
gwithas

pluperfect
gwithsen
gwithses
gwithsa
gwithsen
gwithsewgh
gwithsens
gwithsys

Subjunctive

present
gwitthiv
gwitthi
gwittho
gwitthyn
gwitthowgh
gwitthons
gwitther

imperfect
gwitthen
gwitthes
gwittha
gwitthen
gwitthewgh
gwitthens
gwitthys

Imperative
-
gwith
gwithes
gwithyn
gwithewgh
gwithens
-

omwitha *(to protect oneself)*

gwitha orth *(to guard against)*
gwitha rag *(to guard from)*
gwitha war (*to look after/to watch over)*
omwitha rag *(to refrain from)*

Gwrias (*to sew, stitch*)

present participle: ow kwrias			*past participle*: gwriys		
mutations 2 wri	3 gwri		4 kwri	5 hwri	5^+ wri

Indicative	**Subjunctive**
present	*present*
gwriav	gwriiv
gwriydh	gwrii
gwri	gwrio
gwriyn	gwriyn
gwriowgh	gwriowgh
gwrions	gwrions
gwriir	gwrier
imperfect	*imperfect*
gwrien	gwrien
gwries	gwries
gwria	gwria
gwrien	gwrien
gwriewgh	gwriewgh
gwriens	gwriens
gwriys	gwriys
preterite	**Imperative**
gwriis	-
gwrisys	gwri
gwrias	gwries
gwrisyn	gwriyn
gwrisowgh	gwriewgh
gwrisons	gwriens
gwrias	-
pluperfect	
gwrisen	
gwrises	
gwrisa	
gwrisen	
gwrisewgh	
gwrisens	
gwrisys	

Gwynnel (*to wriggle)*

present participle: ow kwynnel — *past participle*: gwynnys

mutations	2 wyn	3 gwyn	4 kwyn	5 hwyn	5^+ wyn

Indicative

present
gwynnav
gwynnydh
gwynn
gwynnyn
gwynnowgh
gwynnons
gwynnir

imperfect
gwynnyn
gwynnys
gwynni
gwynnyn
gwynnewgh
gwynnens
gwynnys

preterite
gwynnis
gwynsys
gwynnis
gwynsyn
gwynsowgh
gwynsons
gwynis

pluperfect
gwynsen
gwynses
gwynsa
gwynsen
gwynsewgh
gwynsens
gwynsys

Subjunctive

present
gwynniv
gwynni
gwynno
gwynnyn
gwynnowgh
gwynnons
gwynner

imperfect
gwynnen
gwynnes
gwynna
gwynnen
gwynnewgh
gwynnens
gwynnys

Imperative

-
gwyn
gwynnes
gwynnyn
gwynnewgh
gwynnens
-

Handla* (*to handle)*

present participle: owth handla — *past participle*: hendlys

mutations	-	-	-	-	-

Indicative	**Subjunctive**
present	*present*
handlav	hyntliv
hendlydh	hyntli
handel	hantlo
hendlyn	hyntlyn
hendlowgh	hyntlowgh
handlons	hantlons
hendlir	hantler
imperfect	*imperfect*
handlen	hantlen
handles	hantles
handla	hantla
handlen	hantlen
handlewgh	hantlewgh
handlens	hantlens
hendlys	hyntlys
preterite	**Imperative**
hendlis	-
hendelsys	handel
handlas	handles
hendelsyn	hendlyn
hendelsowgh	hendlewgh
handelsons	handlens
handlas	-
pluperfect	
handelsen	
handelses	
handelsa	
handelsen	
handelsewgh	
handelsens	
hendelsys	

*Although the verb appears to be a borrowing from English vowel affection is found in the texts so is retained here.

Hedhes (*to reach*)

present participle: owth hedhes			*past participle*: hedhys		
mutations	-	-	-	-	-

Indicative	**Subjunctive**
present	*present*
hedhav	hetthiv
hedhydh	hetthi
hedh	hettho
hedhyn	hetthyn
hedhowgh	hetthowgh
hedhons	hetthons
hedhir	hetther
imperfect	*imperfect*
hedhyn	hetthen
hedhys	hetthes
hedhi	hettha
hedhyn	hetthen
hedhewgh	hetthewgh
hedhens	hetthens
hedhys	hetthys
preterite	**Imperative**
hedhis	-
hedhsys	hedh
hedhas	hedhes
hedhsyn	hedhyn
hedhsowgh	hedhewgh
hedhsons	hedhens
hedhas	-
pluperfect	
hedhsen	
hedhses	
hedhsa	
hedhsen	
hedhsewgh	
hedhsens	
hedhsys	

drehedhes (*to reach*)   hedhes dhe (*to attain*)

Hedhi (*to stop*)

present participle: owth hedhi			*past participle*: hedhys	
mutations -	-	-	-	-

Indicative	**Subjunctive**
present	*present*
hedhav	hetthiv
hedhydh	hetthi
hedh	hettho
hedhyn	hetthyn
hedhowgh	hetthowgh
hedhons	hetthons
hedhir	hetther
imperfect	*imperfect*
hedhyn	hetthen
hedhys	hetthes
hedhi	hettha
hedhyn	hetthen
hedhewgh	hetthewgh
hedhens	hetthens
hedhys	hetthys
preterite	**Imperative**
hedhis	-
hedhsys	hedh
hedhis	hedhes
hedhsyn	hedhyn
hedhsowgh	hedhewgh
hedhsons	hedhens
hedhis	-
pluperfect	
hedhsen	
hedhses	
hedhsa	
hedhsen	
hedhsewgh	
hedhsens	
hedhsys	

Helghya (*to hunt)*

present participle: owth helghya	*past participle*: helghys/helghyes
mutations - -	- - -

Indicative	**Subjunctive**
present	*present*
helghyav	helghiv
helghydh	helghi
helgh	helghyo
helghyn	helghyn
helghyowgh	helghyowgh
helghyons	helghyons
helghir	helghyer
imperfect	*imperfect*
helghyen	helghyen
helghyes	helghyes
helghya	helghya
helghyen	helghyen
helghyewgh	helghyewgh
helghyens	helghyens
helghys	helghys
preterite	**Imperative**
helghis	-
helghsys	helgh
helghyas	helghyes
helghsyn	helghyn
helghsowgh	helghyewgh
helghsons	helghyens
helghyas	-
pluperfect	
helghsen	
helghses	
helghsa	
helghsen	
helghsewgh	
helghsens	
helghsys	

dehelghya *(to chase along)*

Hembronk (*to lead)*

present participle: owth hembronk   *past participle*: hembrenkys

mutations	-	-	-	-	-

Indicative

present
hembronkav
hembrenkydh
hembronk
hembrenkyn
hembrenkowgh
hembronkons
hembrenkir

imperfect
hembronken
hembronkes
hembronka
hembronken
hembronkewgh
hembronkens
hembrenkys

preterite
hembrenkis
hembrenksys
hembronkas
hembrenksyn
hembrenksowgh
hembronksons
hembronkas

pluperfect
hembronksen
hembronkses
hembronksa
hembronksen
hembronksewgh
hembronksens
hembrenksys

Subjunctive

present
hembrenkiv
hembrenki
hembronko
hembrenkyn
hembrenkowgh
hembronkons
hembrenker

imperfect
hembronken
hembronkes
hembronka
hembronken
hembronkewgh
hembronkens
hembrenkys

Imperative

-
hembronk
hembronkes
hembrenkyn
hembrenkewgh
hembronkens
-

Henwel (*to name*)

present participle: owth henwel | *past participle*: henwys

mutations - - - - -

Indicative

present
hanwav
henwydh
henow
henwyn
henwowgh
henwons
henwir

imperfect
henwyn
henwys
henwi
henwyn
henwewgh
henwens
henwys

preterite
henwis
henwsys/hewnsys
henwis
henwsyn/hewnsyn
henwsowgh/hewnsowgh
hanwsons/hawnsons
henwis

pluperfect
hanwsen/hawnsen
hanwses/hawnses
hanwsa/hawnsa
hanwsen/hawnsen
hanwsewgh/hawnsewgh
hanwsens/hawnsens
hanwsys/hawnsys

Subjunctive

present
henwiv
henwi
hanwo
henwyn
henwowgh
hanwons
henwer

imperfect
hanwen
hanwes
hanwa
hanwen
hanwewgh
hanwens
henwys

Imperative

-
hanw (w *is silent before a consonant*)
henwes
henwyn
henwewgh
henwens
-

leshenwel (*to nickname*)

Hevelebi (*to compare, make similar)*

present participle: owth hevelebi | *past participle*: hevelebys

mutations	-	-	-	-	-

Indicative	**Subjunctive**
present	*present*
hevelebav	heveleppiv
hevelebydh	heveleppi
hevelep	heveleppo
hevelebyn	heveleppyn
hevelebowgh	heveleppowgh
hevelebons	heveleppons
hevelebir	hevelepper
imperfect	*imperfect*
hevelebyn	heveleppen
hevelebys	heveleppes
hevelebi	heveleppa
hevelebyn	heveleppen
hevelebewgh	heveleppewgh
hevelebens	heveleppens
hevelebes	heveleppys
preterite	**Imperative**
hevelebis	-
hevelebsys	hevelep
hevelebas	hevelebes
hevelebsyn	hevelebyn
hevelebsowgh	hevelebewgh
hevelebsons	hevelebens
hevelebas	-
pluperfect	
hevelebsen	
hevelebses	
hevelebsa	
hevelebsen	
hevelebsewgh	
hevelebsens	
hevelebsys	

dihevelebi/di'velebi (*to alter*) hevelebi orth (*to compare to*)

Heveli (*to seem)*

present participle: owth heveli		*past participle*: hevelys		
mutations -	-	-	-	-

Indicative	**Subjunctive**
present	*present*
havalav	hevelliv
hevelydh	hevelli
hevel	havallo
hevelyn	hevellyn
hevelowgh	hevellowgh
hevelons	havallons
hevelir	heveller
imperfect	*imperfect*
hevelyn	havallen
hevelys	havalles
heveli	havalla
hevelyn	havallen
hevelewgh	havallewgh
hevelens	havallens
hevelys	hevellys
preterite	**Imperative**
hevelis	-
hevelsys	haval
hevelis	heveles
hevelsyn	hevelyn
hevelsowgh	hevelewgh
havalsons	hevelens
hevelis	-
pluperfect	
havalsen	
havalses	
havalsa	
havalsen	
havalsewgh	
havalsens	
hevelsys	

keheveli (*to compare to*)

Hwarvos (*to happen, befall*)

present participle: ow hwarvos *past participle*: hwarvedhys/hwyrvys

mutations - - - - -

Indicative

present

-
-
hwer
-
-
-
-

imperfect

-
-
-
-
-
-
-

preterite

-
-
hwarva/hwyris
-
-
-
-

pluperfect	*future*
-	-
-	-
hwarvia/hwarvsa	hwyrvydh
-	-
-	-
-	-

Subjunctive

present

-
-
hwarvo
-
-
-
-

imperfect

-
-
hwarva
-
-
-
-

Imperative

-
-
-
-
-
-
-

hwarvos dhe (*to happen to/befall*)

Hwedhla (*to tell a tale*)

present participle: ow hwedhla			*past participle*: hwedhlys		
mutations	-	-	-	-	-

Indicative	**Subjunctive**
present	*present*
hwedhlav	hwetthliv
hwedhlydh	hwetthli
hwedhel	hwetthlo
hwedhlyn	hwetthlyn
hwedhlowgh	hwetthlowgh
hwedhlons	hwetthlons
hwedhlir	hwetthler
imperfect	*imperfect*
hwedhlen	hwetthlen
hwedhles	hwetthles
hwedhla	hwetthla
hwedhlen	hwetthlen
hwedhlewgh	hwetthlewgh
hwedhlens	hwetthlens
hwedhlys	hwetthlys
preterite	**Imperative**
hwedhlis	-
hwedh'sys	hwedhel
hwedhlas	hwedhles
hwedh'syn	hwedhlyn
hwedh'sowgh	hwedhlewgh
hwedh'sons	hwedhlens
hwedhlas	-
pluperfect	
hwedh'sen	
hwedh'ses	
hwedh'sa	
hwedh'syn	
hwedh'sewgh	
hwedh'sens	
hwedh'sys	

kyhwedhla (*to talk about*)

Hwerthin (*to laugh*)

present participle: ow hwerthin			*past participle*: hwerthys	
mutations -	-	-	-	-

Indicative	**Subjunctive**
present	*present*
hwarthav	hwerthiv
hwerthydh	hwerthi
hwerth	hwertho
hwerthyn	hwerthyn
hwerthowgh	hwerthowgh
hwerthons	hwerthons
hwerthir	hwerther
imperfect	*imperfect*
hwerthyn	hwarthen
hwerthys	hwarthes
hwerthi	hwartha
hwerthyn	hwarthen
hwerthewgh	hwarthewgh
hwerthens	hwarthens
hwerthys	hwarthys
preterite	**Imperative**
hwerthis	-
hwerthsys	hwarth
hwarthas	hwerthes
hwerthsyn	hwerthyn
hwerthsowgh	hwerthewgh
hwarthsons	hwerthens
hwarthas	-
pluperfect	
hwarthsen	
hwarthses	
hwarthsa	
hwarthsen	
hwarthsewgh	
hwarthsens	
hwarthsys	

folhwerthin (*to giggle*)
minhwerthin (*to smile*)

hwerthin orth (*to laugh at*)

Hwibana (*to whistle)*

present participle: ow hwibana		*past participle*: hwibenys		
mutations -	-	-	-	-

Indicative	**Subjunctive**
present	*present*
hwibanav	hwibynniv
hwibenydh	hwibynni
hwiban	hwibanno
hwibenyn	hwibynnyn
hwibenowgh	hwibynnowgh
hwibanons	hwibannons
hwibenir	hwibanner
imperfect	*imperfect*
hwibanen	hwibannen
hwibanes	hwibannes
hwibana	hwibanna
hwibanen	hwibannen
hwibanewgh	hwibannewgh
hwibanens	hwibannens
hwibenys	hwibynnys
preterite	**Imperative**
hwibenis	-
hwibensys	hwiban
hwibanas	hwibanes
hwibensyn	hwibanyn
hwibensowgh	hwibanewgh
hwibansons	hwibanens
hwibanas	-
pluperfect	
hwibansen	
hwibanses	
hwibansa	
hwibansen	
hwibansewgh	
hwibansens	
hwibensys	

Hwilas (*to seek*)

present participle: ow hwilas			*past participle*: hwilys	
mutations -	-	-	-	-

Indicative	**Subjunctive**
present	*present*
hwilav	hwilliv
hwilydh	hwilli
hwila	hwillo
hwilyn	hwillyn
hwilowgh	hwillowgh
hwilons	hwillons
hwilir	hwiller
imperfect	*imperfect*
hwilen	hwillen
hwiles	hwilles
hwila	hwilla
hwilen	hwillen
hwilewgh	hwillewgh
hwilens	hwillens
hwilys	hwillys
preterite	**Imperative**
hwilis	-
hwilsys	hwila
hwilas	hwiles
hwilsyn	hwilyn
hwilsowgh	hwilewgh
hwilsons	hwilens
hwilas	-
pluperfect	
hwilsen	
hwilses	
hwilsa	
hwilsen	
hwilsewgh	
hwilsens	
hwilsys	

hwilas orth (*to seek for/from*)

Hwithra *(to examine)*

present participle: ow hwithra		*past participle*: hwithrys		
mutations -	-	-	-	-

Indicative	**Subjunctive**
present	*present*
hwithrav	hwitthriv
hwithrydh	hwitthri
hwither	hwitthro
hwithryn	hwitthryn
hwithrowgh	hwitthrowgh
hwithrons	hwitthrons
hwithrir	hwitthrer
imperfect	*imperfect*
hwithren	hwitthren
hwithres	hwitthres
hwithra	hwitthra
hwithren	hwitthren
hwithrewgh	hwitthrewgh
hwithrens	hwitthrens
hwithrys	hwitthrys
preterite	**Imperative**
hwithris	-
hwith'sys	hwither
hwithras	hwithres
hwith'syn	hwithryn
hwith'sowgh	hwithrewgh
hwith'sons	hwithrens
hwithras	-
pluperfect	
hwith'sen	
hwith'ses	
hwith'sa	
hwith'sen	
hwith'sewgh	
hwith'sens	
hwith'sys	

hwithra orth *(to look closely at)*

Hwystra (*to whisper)*

present participle: ow hwystra			*past participle*: hwystrys	
mutations -	-	-	-	-

Indicative	**Subjunctive**
present	*present*
hwystrav	hwystriv
hwystrydh	hwystri
hwyster	hwystro
hwystryn	hwystryn
hwystrowgh	hwystrowgh
hwystrons	hwystrons
hwystrir	hwystrer
imperfect	*imperfect*
hwystren	hwystren
hwystres	hwystres
hwystra	hwystra
hwystren	hwystren
hwystrewgh	hwystrewgh
hwystrens	hwystrens
hwystrys	hwystrys
preterite	**Imperative**
hwystris	-
hwystersys	hwyster
hwystras	hwystres
hwystersyn	hwystryn
hwystersowgh	hwystrewgh
hwystersons	hwystrens
hwystras	-
pluperfect	
hwystersen	
hwysterses	
hwystersa	
hwystersen	
hwystersewgh	
hwystersens	
hwystersys	

Kabla (*to blame)*

present participle: ow kabla			*past participle*: keblys		
mutations	2 gabel	3 habel	4 kabel	5 kabel	5^+ kabel

Indicative	**Subjunctive**
present	*present*
kablav	kyppliv
keblydh	kyppli
kabel	kapplo
keblyn	kypplyn
keblowgh	kypplowgh
kablons	kapplons
keblir	kappler
imperfect	*imperfect*
kablen	kapplen
kebles	kapples
kabla	kappla
kablen	kapplen
keblewgh	kapplewgh
kablens	kapplens
keblys	kypplys
preterite	**Imperative**
keblis	-
keb'sys	kabel
kablas	kables
keb'syn	keblyn
keb'sowgh	keblewgh
kab'sons	kablens
kablas	-
pluperfect	
kab'sen	
kab'ses	
kab'sa	
kab'sen	
kab'sewgh	
kab'sens	
keb'sys	

Kachya (*to catch)*

present participle: ow kachya			*past participle*: kechys/kachyes		
mutations	2 gach	3 hach	4 kach	5 kach	5^+ kach

Indicative

present
kachyav
kechydh
kach
kechyn
kechyowgh
kachyons
kechir

imperfect
kachyen
kechyes
kachya
kachyen
kechyewgh
kachyens
kechys

preterite
kechis
kechsys
kachyas
kechsyn
kechsowgh
kachsons
kachas

pluperfect
kachsen
kachses
kachsa
kachsen
kachsewgh
kachsens
kechsys

Subjunctive

present
kycchiv
kycchi
kacchyo
kycchyn
kycchyowgh
kacchyons
kacchyer

imperfect
kacchyen
kacchyes
kacchya
kacchyen
kacchyewgh
kacchyens
kycchys

Imperative

-
kach kachy before pronouns 'e' and 'i'
kachyes
kechyn
kechyewgh
kachyens
-

Kampolla (*to mention*)

present participle: ow kampolla *past participle*: kampollys

mutations	2 gampoll	3 hampoll	4 kampoll	5 kampoll	5^+ kampoll

Indicative	**Subjunctive**
present	*present*
kampollav	kampolliv
kampollydh	kampolli
kampoll	kampollo
kampollyn	kampollyn
kampollowgh	kampollowgh
kampollons	kampollons
kampollir	kampoller
imperfect	*imperfect*
kampollen	kampollen
kampolles	kampolles
kampolla	kampolla
kampollen	kampollen
kampollewgh	kampollewgh
kampollens	kampollens
kampollys	kampollys
preterite	**Imperative**
kampollis	-
kampolsys	kampoll
kampollas	kampolles
kampolsyn	kampollyn
kampolsowgh	kampollewgh
kampolsons	kampollens
kampolas	-
pluperfect	
kampolsen	
kampolses	
kampolsa	
kampolsen	
kampolsewgh	
kampolsens	
kampolsys	

Kana (*to sing*)

present participle: ow kana			*past participle*: kenys		
mutations	2 gan	3 han	4 kan	5 kan	5^+ kan

Indicative	**Subjunctive**
present	*present*
kanav	kynniv
kenydh	kynni
kan	kanno
kenyn	kynnyn
kenowgh	kynnowgh
kanons	kannons
kenir	kanner
imperfect	*imperfect*
kanen	kannen
kanes	kannes
kana	kanna
kanen	kannen
kanewgh	kannewgh
kanens	kannens
kenys	kynnys
preterite	**Imperative**
kenis	-
kensys	kan
kanas	kanes
kensyn	kenyn
kensowgh	kenewgh
kansons	kanens
kanas	-
pluperfect	
kansen	
kanses	
kansa	
kansen	
kansewgh	
kansens	
kensys	

gorhana (*to enchant*)
keurgana (*to chant*)

Kara (*to love*)

present participle: ow kara — *past participle*: kerys

mutations	2 gar	3 har	4 kar	5 kar	5^+ kar

Indicative	**Subjunctive**
present	*present*
karav	kyrriv
kerydh	kyrri
kar	karro
keryn	kyrryn
kerowgh	kyrrowgh
karons	karrons
kerir	karrer
imperfect	*imperfect*
karen	karren
kares	karres
kara	karra
karen	karren
karewgh	karrewgh
karens	karrens
kerys	kyrrys
preterite	**Imperative**
keris	-
kersys	kar
karas	kares
kersyn	keryn
kersowgh	kerewgh
karsons	karens
karas	-
pluperfect	
karsen	
karses	
karsa	
karsen	
karsewgh	
karsens	
kersys	

Kasa *(to hate)*

present participle: ow kasa			*past participle*: kesys		
mutations	2 gas	3 has	4 kas	5 kas	5^+ kas

Indicative	**Subjunctive**
present	*present*
kasav	kyssiv
kesydh	kyssi
kas	kasso
kesyn	kyssyn
kesowgh	kyssowgh
kasons	kassons
kesir	kasser
imperfect	*imperfect*
kasen	kassen
kases	kasses
kasa	kassa
kasen	kassen
kasewgh	kassewgh
kasens	kassens
kesys	kyssys
preterite	**Imperative**
kesis	-
kessys	kas
kasas	kases
kessyn	kesyn
kessowgh	kesewgh
kassons	kasens
kasas	-
pluperfect	
kassen	
kasses	
kassa	
kassen	
kassewgh	
kassens	
kessys	

Kastiga (*to flog*)

present participle: ow kastiga *past participle*: kastigys

mutations	2 gastik	3 hastik	4 kastik	5 kastik	5⁺ kastik

Indicative	Subjunctive
present	*present*
kastigav	kastikkiv
kastigydh	kastikki
kastik	kastikko
kastigyn	kastikkyn
kastigowgh	kastikkowgh
kastigons	kastikkons
kastigir	kastikker
imperfect	*imperfect*
kastigen	kastikken
kastiges	kastikkes
kastiga	kastikka
kastigen	kastikken
kastigewgh	kastikkewgh
kastigens	kastikkens
kastigys	kastikkys
preterite	**Imperative**
kastigis	-
kastigsys	kastik
kastigas	kastiges
kastigsyn	kastigyn
kastigsowgh	kastigewgh
kastigsons	kastigens
kastigas	-
pluperfect	
kastigsen	
kastigses	
kastigsa	
kastigsen	
kastigsewgh	
kastigsens	
kastigsys	

Kavos (*to have, get*)

present participle: ow kavos			*past participle*: kevys		
mutations	2 gyv	3 hyv	4 kyv	5 kyv	5^+ kyv

Indicative	**Subjunctive**
present	*present*
kavav	kyffiv
kevydh	kyffi
kyv	kaffo
kevyn	kyffyn
kevowgh	kyffowgh
kevons	kaffons
kevir	kaffer
imperfect	*imperfect*
kevyn	kaffen
kevys	kaffes
kevi	kaffa
kevyn	kaffen
kevyewgh	kaffewgh
kevens	kaffens
kevys	kyffys
preterite	**Imperative**
kevis	-
kevsys	kav
kavas	keves
kevsyn	kevyn
kevsowgh	kevewgh
kavsons	kevens
kavas	-
pluperfect	
kavsen	
kavses	
kavsa	
kavsen	
kavsewgh	
kavsens	
kevsys	

kavos dhe (*to provide for*)

Keas (*to hedge*)

present participle: ow keas			*past participle*: kes		
mutations	2 ge	3 he	4 ke	5 ke	5^+ ke

Indicative	**Subjunctive**
present	*present*
keav	keiv
keydh	kei
ke	keo
keyn	keyn
keowgh	keowgh
keons	keons
keir	keer
imperfect	*imperfect*
keen	keen
kees	kees
kea	kea
keen	keen
keewgh	keewgh
keens	keens
keys	keys
preterite	**Imperative**
keis	-
kesys	ke
keas	kees
kesyn	keyn
kesowgh	keewgh
kesons	keens
keas	-
pluperfect	
kesen	
keses	
kesa	
kesen	
kesewgh	
kesens	
kesys	

Kelli (*to lose*)

present participle: ow kelli			*past participle*: kellys		
mutations	2 gyll	3 hyll	4 kyll	5 kyll	5^+ kyll

Indicative	**Subjunctive**
present	*present*
kollav	kelliv
kellydh	kelli
kyll	kollo
kellyn	kellyn
kellowgh	kellowgh
kellons	kollons
kellir	koller
imperfect	*imperfect*
kellyn	kollen
kellys	kolles
kelli	kolla
kellyn	kollen
kellewgh	kollewgh
kellens	kollens
kellys	kellys
preterite	**Imperative**
kellis	-
kelsys	koll
kollas	kelles
kelsyn	kellyn
kelsowgh	kellewgh
kolsons	kellens
kollas	-
pluperfect	
kolsen	
kolses	
kolsa	
kolsen	
kolsewgh	
kolsens	
kolsys	

argelli (*to risk*)

Kelmi (*to tie*)

present participle: ow kelmi			*past participle*: kelmys		
mutations	2 gelm	3 helm	4 kelm	5 kelm	5^+ kelm

Indicative	**Subjunctive**
present	*present*
kolmav	kelmiv
kelmydh	kelmi
kelm	kolmo
kelmyn	kelmyn
kelmowgh	kelmowgh
kelmons	kolmons
kelmir	kelmer
imperfect	*imperfect*
kelmyn	kolmen
kelmys	kolmes
kelmi	kolma
kelmyn	kolmen
kelmewgh	kolmewgh
kelmens	kolmens
kelmys	kolmys
preterite	**Imperative**
kelmis	-
kelmsys	kolm
kolmas	kelmes
kelmsyn	kelmyn
kelmsowgh	kelmewgh
kolmsons	kelmens
kolmas	-
pluperfect	
kolmsen	
kolmses	
kolmsa	
kolmsen	
kolmsewgh	
kolmsens	
kolmsys	

eskelmi (*to exclude*)

kelmi orth (*to tie to*)

Kemeres (*to take*)

present participle: ow kemeres			*past participle*: kemerys		
mutations	2 gemmer	3 hemmer	4 kemmer	5 kemmer	5^+ kemmer

Indicative	**Subjunctive**
present	*present*
kemerav	kemerriv
kemerydh	kemerri
kemmer	kemerro
kemeryn	kemerryn
kemerowgh	kemerrowgh
kemerons	kemerrons
kemerir	kemerrer
imperfect	*imperfect*
kemeryn	kemerren
kemerys	kemerres
kemeri	kemerra
kemeryn	kemerren
kemerewgh	kemerrewgh
kemerens	kemerrens
kemerys	kemerrys
preterite	**Imperative**
kemeris	-
kemersys	kemmer
kemeras	kemeres
kemersyn	kemeryn
kemersowgh	kemerewgh
kemersons	kemerens
kemeras	-
pluperfect	
kemersen	
kemerses	
kemersa	
kemersen	
kemersewgh	
kemersens	
kemersys	

degemeres (*to receive*)
myskemeres (*to mistake*)

Kemynna (*to bequeath)*

present participle: ow kemynna			*past participle*: kemynnys		
mutations	2 gemmyn	3 hemmyn	4 kemmyn	5 kemmyn	5^+ kemmyn

Indicative	**Subjunctive**
present	*present*
kemynnav	kemynniv
kemynnydh	kemynni
kemmyn	kemynno
kemynnyn	kemynnyn
kemynnowgh	kemynnowgh
kemynnons	kemynnons
kemynnir	kemynner
imperfect	*Imperfect*
kemynnen	kemynnen
kemynnes	kemynnes
kemynna	kemynna
kemynnen	kemynnen
kemynnewgh	kemynnewgh
kemynnens	kemynnens
kemynnys	kemynnys
preterite	**Imperative**
kemynnis	-
kemynsys	kemmyn
kemynnis	kemynnes
kemynsyn	kemynnyn
kemynsowgh	kemynnewgh
kemynsons	kemynnens
kemynnis	-
pluperfect	
kemynsen	
kemynses	
kemynsa	
kemynsen	
kemynsewgh	
kemynsens	
kemynsys	

Kemyska (*to mix, confuse)*

present participle: ow kemyska			*past participle*: kemyskys		
mutations	2 gemmysk	3 hemmysk	4 kemmysk	5 kemmysk	5^+ kemmysk

Indicative	**Subjunctive**
present	*present*
kemyskav	kemyskiv
kemyskydh	kemyski
kemmysk	kemysko
kemyskyn	kemyskyn
kemyskowgh	kemyskowgh
kemyskons	kemyskons
kemyskir	kemysker
imperfect	*imperfect*
kemysken	kemysken
kemyskes	kemyskes
kemyska	kemyska
kemysken	kemysken
kemyskewgh	kemyskewgh
kemyskens	kemyskens
kemyskys	kemyskys
preterite	**Imperative**
kemyskis	-
kemys'sys	kemmysk
kemyskas	kemyskes
kemys'syn	kemyskyn
kemys'sowgh	kemyskewgh
kemys'sons	kemyskens
kemyskas	-
pluperfect	
kemys'sen	
kemys'ses	
kemys'sa	
kemys'sen	
kemys'sewgh	
kemys'sens	
kemys'sys	

Kerdhes *(to walk)*

present participle: ow kerdhes   *past participle*: kerdhys

mutations	2 gerdh	3 herdh	4 kerdh	5 kerdh	5^+ kerdh

Indicative	**Subjunctive**
present	*present*
kerdhav	kerthiv
kerdhydh	kerthi
kerdh	kertho
kerdhyn	kerthyn
kerdhowgh	kerthowgh
kerdhons	kerthons
kerdhir	kerther
imperfect	*imperrfect*
kerdhyn	kerthen
kerdhys	kerthes
kerdhi	kertha
kerdhyn	kerthen
kerdhewgh	kerthewgh
kerdhens	kerthens
kerdhys	kerthys
preterite	**Imperative**
kerdhis	-
kerdhsys	kerdh
kerdhas	kerdhes
kerdhsyn	kerdhyn
kerdhsowgh	kerdhewgh
kerdhsons	kerdhens
kerdhas	-
pluperfect	
kerdhsen	
kerdhses	
kerdhsa	
kerdhsen	
kerdhsewgh	
kerdhsens	
kerdhsys	

argerdhes *(to process)*
gogerdhes *(to toddle)*

Kerghes (*to fetch*)

present participle: ow kerghes			*past participle*: kerghys		
mutations	2 gergh	3 hergh	4 kergh	5 kergh	5^{+} kergh

Indicative	**Subjunctive**
present	*present*
kerghav	kerghiv
kerghydh	kerghi
kergh	kergho
kerghyn	kerghyn
kerghowgh	kerghowgh
kerghons	kerghons
kerghir	kergher
imperfect	*imperfect*
kerghyn	kerghen
kerghys	kerghes
kerghi	kergha
kerghyn	kerghen
kerghewgh	kerghewgh
kerghens	kerghens
kerghys	kerghys
preterite	**Imperative**
kerghis	-
kerghsys	kergh
kerghas	kerghes
kerghsyn	kerghyn
kerghsowgh	kerghewgh
kerghsons	kerghens
kerghas	-
pluperfect	
kerghsen	
kerghses	
kerghsa	
kerghsen	
kerghsewgh	
kerghsens	
kerghsys	

kaskerghes (*to campaign*)

Kewsel (*to talk*)

present participle: ow kewsel			*past participle*: kewsys		
mutations	2 gews	3 hews	4 kews	5 kews	5^+ kews

Indicative	**Subjunctive**
present	*present*
kowsav	kewssiv
kewsydh	kewssi
kews	kewsso
kewsyn	kewssyn
kewsowgh	kewssowgh
kewsons	kewssons
kewsir	kewsser
imperfect	*imperfect*
kewsyn	kowssen
kewsys	kowsses
kewsi	kowssa
kewsyn	kowssen
kewsewgh	kowssewgh
kewsens	kowssens
kewsys	kewssys
preterite	**Imperative**
kewsis	-
kewssys	kows
kewsis	kewses
kewssyn	kewsyn
kewssowgh	kewsewgh
kowssons	kewsens
kewsis	-
pluperfect	
kowssen	
kowsses	
kowssa	
kowssen	
kowssewgh	
kowssens	
kewssys	

keskewsel (*to converse*)
pellgewsel (*to telephone*)

kewsel dhe (*to talk to*)
kewsel orth (*to speak to*)

Klewes (*to hear*)

present participle: ow klewes			*past participle*: klewys		
mutations	2 glew	3 klew	4 klew	5 klew	5^+ klew

Indicative		**Subjunctive**
present		*present*
klewav		klewviv
klewydh		klewvi
klew		klewvo
klewyn		klewvyn
klewowgh		klewvowgh
klewons		klewvons
klewir		klewver
imperfect		*imperfect*
klewen		klewven
klewys		klewves
klewo		klewva
klewen		klewven
klewewgh		klewvewgh
klewens		klewvens
klewes		klewves
preterite		**Imperative**
klewis		-
klewsys		klew
klewas		klewes
klewsyn		klewyn
klewsowgh		klewewgh
klewsons		klewens
klewas		-
pluperfect	*future*	
klewsen	-	
klewses	-	
klewsa	klewvydh	
klewsen	-	
klewsewgh	-	
klewsens	-	
klewsys	-	

omglewes (*to feel, to perceive oneself to be*) klewes gans (*to hear from*)

Kodh (*to be befitting*)

present participle: - *past participle*: -

mutations	2 godh	3 hodh	4 kodh	5 kodh	5^+ kodh

Indicative

present
-
-
kodh
-
-
-
-

imperfect
-
-
kodho
-
-
-
-

preterite
-
-
kodhva
-
-
-
-

pluperfect
-
-
kodhvia
-
-
-
-

Subjunctive

present
-
-
kodhvo
-
-
-
-

imperfect
-
-
kodhva
-
-
-
-

Imperative
-
-
-
-
-
-
-

Kodha *(to fall)*

present participle: ow kodha			*past participle*: kodhys		
mutations	2 godh	3 hodh	4 kodh	5 kodh	5^+ kodh

Indicative	**Subjunctive**
present	*present*
kodhav	kotthiv
kodhydh	kotthi
kodh	kottho
kodhyn	kotthyn
kodhowgh	kotthowgh
kodhons	kotthons
kodhir	kotther
imperfect	*imperfect*
kodhen	kotthen
kodhes	kotthes
kodha	kottha
kodhen	kotthen
kodhewgh	kotthewgh
kodhens	kotthens
kodhys	kotthys
preterite	**Imperative**
kodhis	-
kodhsys	kodh
kodhas	kodhes
kodhsyn	kodhyn
kodhsowgh	kodhewgh
kodhsons	kodhens
kodhas	-
pluperfect	
kodhsen	
kodhses	
kodhsa	
kodhsen	
kodhsewgh	
kodhsens	
kodhsys	

Komendya (*to recommend)*

present participle: ow komendya			*past participle*: komendys/komendyes		
mutations 2 gomend	3 homend		4 komend	5 komend	5^+ komend

Indicative	**Subjunctive**
present	*present*
komendyav	komentiv
komendydh	komenti
komend	komentyo
komendyn	komentyn
komendyowgh	komentyowgh
komendyons	komentyons
komendir	komentyer
imperfect	*Imperfect*
komendyen	komentyen
komendyes	komentyes
komendya	komentya
komendyen	komentyen
komendyewgh	komentyewgh
komendyens	komentyens
komendys	komentys
preterite	**Imperative**
komendis	-
komendsys	komend / komendy before pronouns 'e' and 'i'
komendyas	komendyes
komendsyn	komendyn
komendsowgh	komendyewgh
komendsons	komendyens
komendyas	-
Pluperfect	
komendsen	
komendses	
komendsa	
komendsen	
komendsewgh	
komendsens	
komendsys	

omgomendya (*to introduce)*

Konvedhes (*to understand)*

present participle: ow konvedhes — *past participle*: konvedhys

mutations	2 gonvedh	3 honvedh	4 konvedh	5 konvedh	5^+ konvedh

Indicative

present
konvedhav
konvedhydh
konvedh
konvedhyn
konvedhowgh
konvedhons
konvedhir

imperfect
konvedhyn
konvedhys
konvedhi
konvedhyn
konvedhewgh
konvedhens
konvedhys

preterite
konvedhis
konvedhsys
konvedhas
konvedhsyn
konvedhsowgh
konvedhsons
konvedhas

Pluperfect
konvedhsen
konvedhses
konvedhsa
konvedhsen
konvedhsewgh
konvedhsens
konvedhsys

Subjunctive

present
konvetthiv
konvetthi
konvettho
konvetthyn
konvetthowgh
konvetthons
konvetther

Imperfect
konvetthen
konvetthes
konvettha
konvetthen
konvetthewgh
konvetthens
konvetthys

Imperative

-
konvedh
konvedhes
konvedhyn
konvedhewgh
konvedhens
-

Koska (*to sleep)*

present participle: ow koska			*past participle*: koskys		
mutations	2 gosk	3 hosk	4 kosk	5 kosk	5^+ kosk

Indicative	**Subjunctive**
present	*present*
koskav	koskiv
koskydh	koski
kosk	kosko
koskyn	koskyn
koskowgh	koskowgh
koskons	koskons
koskir	kosker
imperfect	*imperfect*
kosken	kosken
koskes	koskes
koska	koska
kosken	kosken
koskewgh	koskewgh
koskens	koskens
koskys	koskys
preterite	**Imperative**
koskis	-
kos'sys	kosk
koskas	koskes
kos'syn	koskyn
kos'sowgh	koskewgh
kos'sons	koskens
koskas	-
pluperfect	
kos'sen	
kos'ses	
kos'sa	
kos'sen	
kos'sewgh	
kos'sens	
kos'sys	

gogoska (*to doze*)
gwavgoska (*to hibernate*)

Kregi (*to hang*)

present participle: ow kregi *past participle*: kregys

mutations	2 greg	3 kreg	4 kreg	5 kreg	5+ kreg

Indicative	**Subjunctive**
present	*present*
krogav	krekkiv
kregydh	krekki
kreg	krokko
kregyn	krekkyn
kregowgh	krekkowgh
kregons	krokkons
kregir	krokker
imperfect	*Imperfect*
kregyn	krokken
kregys	krokkes
kregi	krokka
kregyn	krokken
kregewgh	krokkewgh
kregens	krokkens
kregys	krekkys
preterite	**Imperative**
kregis	-
kregsys	krog
krogas	kreges
kregsyn	kregyn
kregsowgh	kregewgh
krogsons	kregens
krogas	-
pluperfect	
krogsen	
krogses	
krogsa	
krogsen	
krogsewgh	
krogsens	
krogsys	

Krodhvolas (*to complain)*

present participle: ow krodhvolas			*past participle*: krodhvolys		
mutations	2 grodhvol	3 krodhvol	4 krodhvol	5 krodhvol	5^+ krodhvol

Indicative	**Subjunctive**
present	*present*
krodhvolav	krodhvolliv
krodhvolydh	krodhvolli
krodhvol	krodhvollo
krodhvolyn	krodhvollyn
krodhvolowgh	krodhvollowgh
krodhvolons	krodhvollons
krodhvolir	krodhvoller
imperfect	*Imperfect*
krodhvolen	krodhvollen
krodhvoles	krodhvolles
krodhvola	krodhvolla
krodhvolen	krodhvollen
krodhvolewgh	krodhvollewgh
krodhvolens	krodhvollens
krodhvolys	krodhvollys
preterite	**Imperative**
krodhvolis	-
krodhvolsys	krodhvol
krodhvolas	krodhvoles
krodhvolsyn	krodhvolyn
krodhvolsowgh	krodhvolewgh
krodhvolsons	krodhvolens
krodhvolas	-
Pluperfect	
krodhvolsen	
krodhvolses	
krodhvolsa	
krodhvolsen	
krodhvolsewgh	
krodhvolsens	
krodhvolsys	

krodhvolas orth (*to grumble at*)

Kromma (*to bend*)

present participle: ow kromma *past participle*: krommys

mutations	2 gromm	3 kromm	4 kromm	5 kromm	5^{+} kromm

Indicative	**Subjunctive**
present	*present*
krommav	krommiv
krommydh	krommi
kromm	krommo
krommyn	krommyn
krommowgh	krommowgh
krommons	krommons
krommir	krommer
imperfect	*imperfect*
krommen	krommen
krommes	krommes
kromma	kromma
krommen	krommen
kromsewgh	krommewgh
kromsens	krommens
krommys	krommys
preterite	**Imperative**
krommis	-
kromsys	kromm
krommas	krommes
kromsyn	krommyn
kromsowgh	krommewgh
kromsons	krommens
krommas	-
pluperfect	
kromsen	
kromses	
kromsa	
kromsen	
kromsewgh	
kromsens	
kromsys	

Kryghylli (*to ripen*)

present participle: ow kryghylli			*past participle*: kryghyllys		
mutations	2 gryghyll	3 kryghyll	4 kryghyll	5 kryghyll	5^+ kryghyll

Indicative

present
kryghyllav
kryghyllydh
kryghyll
kryghyllyn
kryghyllowgh
kryghyllons
kryghyllir

imperfect
kryghyllyn
kryghyllys
kryghylli
kryghyllyn
kryghyllewgh
kryghyllens
kryghyllys

preterite
kryghyllis
kryghylsys
kryghyllas
kryghylsyn
kryghylsowgh
kryghylsons
kryghyllas

pluperfect
kryghylsen
kryghylses
kryghylsa
kryghylsen
kryghylsewgh
kryghylsens
kryghylsys

Subjunctive

present
kryghyllsiv
kryghyllsi
kryghyllso
kryghyllsyn
kryghyllsowgh
kryghyllsons
kryghyllser

imperfect
kryghyllsen
kryghyllses
kryghyllsa
kryghyllsen
kryghyllsewgh
kryghyllsens
kryghyllsys

Imperative
-
kryghyll
kryghylles
kryghyllyn
kryghyllewgh
kryghyllens
-

Krysi (*to believe*)

present participle: ow krysi | *past participle*: krysys

mutations	2 grys	3 krys	4 krys	5 krys	5^+ krys

Indicative

present
krysav
krysydh
krys
krysyn
krysowgh
krysons
krysir

imperfect
krysyn
krysys
krysi
krysyn
krysewgh
krysens
krysys

preterite
krysis
kryssys
krysis
kryssyn
kryssowgh
kryssons
krysis

Pluperfect
kryssen
krysses
kryssa
kryssen
kryssewgh
kryssens
kryssys

Subjunctive

present
kryssiv
kryssi
krysso
kryssyn
kryssowgh
kryssons
krysser

Imperfect
kryssen
krysses
kryssa
kryssen
kryssewgh
kryssens
kryssys

Imperative

-
krys
kryses
krysyn
krysewgh
krysens
-

gogrysi (*to suspect*)

krysi *(to believe something)*
krysi dhe (*to believe someone*)
krysi yn (*to believe in*)

Kudha (*to conceal, hide)*

present participle: ow kudha — *past participle*: kudhys

mutations	2 gudh	3 hudh	4 kudh	5 kudh	5^{+} kudh

Indicative

present
kudhav
kudhydh
kudh
kudhyn
kudhowgh
kudhons
kudhir

imperfect
kudhen
kudhes
kudha
kudhen
kudhewgh
kudhens
kudhys

preterite
kudhis
kudhsys
kudhas
kudhsyn
kudhsowgh
kudhsons
kudhas

pluperfect
kudhsen
kudhses
kudhsa
kudhsen
kudhsewgh
kudhsens
kudhsys

Subjunctive

present
kutthiv
kutthi
kuttho
kutthyn
kutthowgh
kutthons
kutther

Imperfect
kutthen
kutthes
kuttha
kutthen
kutthewgh
kutthens
kutthys

Imperative
-
kudh
kudhes
kudhyn
kudhewgh
kudhens
-

kuhudha (*to accuse/denounce*)
omgudha *(to hide oneself)*
kudha rag (*to hide from*)

Kuntel (*to gather)*

present participle: ow kuntel			*past participle*: kuntelys		
mutations	2 guntel	3 huntel	4 kuntel	5 kuntel	5^+ kuntel

Indicative	**Subjunctive**
present	*present*
kuntelav	kuntelliv
kuntelydh	kuntelli
kuntel	kuntello
kuntelyn	kuntellyn
kuntelowgh	kuntellowgh
kuntelons	kuntellons
kuntelir	kunteller
imperfect	*imperfect*
kuntelen	kuntellen
kunteles	kuntelles
kuntela	kuntella
kuntelen	kuntellen
kuntelewgh	kuntellewgh
kuntelens	kuntellens
kuntelys	kuntellys
preterite	**Imperative**
kuntelis	-
kuntelsys	kuntel
kuntelas	kunteles
kuntelsyn	kuntelyn
kuntelsowgh	kuntelewgh
kuntelsons	kuntelens
kuntelas	-
pluperfect	
kuntelsen	
kuntelses	
kuntelsa	
kuntelsen	
kuntelsewgh	
kuntelsens	
kuntelsys	

omguntel (*to meet with others*)

Ladha *(to kill)*

present participle: ow ladha	*past participle*: ledhys

mutations - - - - -

Indicative	**Subjunctive**
present	*present*
ladhav	lytthiv
ledhydh	lytthi
ladh	lattho
ledhyn	lytthyn
ledhowgh	lytthowgh
ladhons	latthons
ledhir	latther
imperfect	*imperfect*
ladhen	latthen
ladhes	latthes
ladha	lattha
ladhen	latthen
ladhewgh	latthewgh
ladhens	latthens
ladhys	lytthys
preterite	**Imperative**
ledhis	-
ledhsys	ladh
ladhas	ladhes
ledhsyn	ledhyn
ledhsowgh	ledhewgh
ladhsons	ladhens
ladhas	-
pluperfect	
ladhsen	
ladhses	
ladhsa	
ladhsen	
ladhsewgh	
ladhsens	
ladhsys	

omladha *(to commit suicide)*

Ladra *(to steal)*

present participle: ow ladra	*past participle*: ledrys
mutations - - - - -	

Indicative	**Subjunctive**
present	*present*
ladrav	lyttriv
ledrydh	lyttri
lader	lattro
ledryn	lyttryn
ledrowgh	lyttrowgh
ladrons	lattrons
ledrir	lattrer
imperfect	*imperfect*
ladren	lattren
ladres	lattres
ladra	lattra
ladren	lattren
ladrewgh	lattrewgh
ladrens	lattrens
ledrys	lyttrys
preterite	**Imperative**
ledris	-
led'sys	lader
ladras	ladres
led'syn	ledryn
led'sowgh	ledrewgh
lad'sons	ladrens
ladras	-
pluperfect	
lad'sen	
lad'ses	
lad'sa	
lad'sen	
lad'sewgh	
lad'sens	
led'sys	

Lamma (*to jump)*

present participle: ow lamma		*past participle*: lemmys		
mutations -	-	-	-	-

Indicative	**Subjunctive**
present	*present*
lammav	lymmiv
lemmydh	lymmi
lamm	lammo
lemmyn	lymmyn
lemmowgh	lymmowgh
lammons	lammons
lemmir	lammer
imperfect	*imperfect*
lammen	lammen
lammes	lammes
lamma	lamma
lammen	lammen
lammewgh	lammewgh
lammens	lammens
lemmys	lymmys
preterite	**Imperative**
lemmis	-
lemsys	lamm
lammas	lammes
lemsyn	lemmyn
lemsowgh	lemmewgh
lamsons	lammens
lammas	-
pluperfect	
lamsen	
lamses	
lamsa	
lamsen	
lamsewgh	
lamsens	
lemsys	

With single 'm' in the singular 3rd person present indicative and 2nd person imperative:
aslamma (*to rebound, bounce*)
talgamma *(to frown)*
ughlamma *(to high jump)*

Lavasos (*to dare, venture)*

present participle: ow lavasos | *past participle*: lavesys

mutations - - - - -

Indicative	**Subjunctive**
present	*present*
lavasav	lavyssiv
lavesydh	lavyssi
lavas	lavasso
lavesyn	lavyssyn
lavesowgh	lavyssowgh
lavasons	lavassons
lavesir	lavasser
imperfect	*imperfect*
lavasyn	lavassen
lavasys	lavasses
lavasi	lavassa
lavasyn	lavassen
lavasewgh	lavassewgh
lavasens	lavassens
lavesys	lavyssys
preterite	**Imperative**
lavesis	-
lavessys	lavas
lavasas	lavases
lavessyn	lavesyn
lavessowgh	lavesewgh
lavassons	lavasens
lavasas	-
pluperfect	
lavassen	
lavasses	
lavassa	
lavassyn	
lavassewgh	
lavassens	
lavassys	

Lemmel *(to jump)*

present participle: ow lemmel			*past participle*: lemmys	
mutations -	-	-	-	-

Indicative	**Subjunctive**
present	*present*
lammav	lemmiv
lemmydh	lemmi
lemm	lammo
lemmyn	lemmyn
lemmowgh	lemmowgh
lemmons	lammons
lemmir	lemmer
imperfect	*imperfect*
lemmyn	lammen
lemmys	lammes
lemmi	lamma
lemmyn	lammen
lemmewgh	lammewgh
lemmens	lammens
lemmys	lemmys
preterite	**Imperative**
lemmis	-
lemsys	lamm
lemmis	lemmes
lemsyn	lemmyn
lemsowgh	lemmewgh
lamsons	lemmens
lemmis	-
pluperfect	
lamsen	
lamses	
lamsa	
lamsyn	
lamsewgh	
lamsens	
lemsys	

With single 'm' in the singular 3rd person present indicative and 2nd person imperative:
kryghlemmel (*to somersault*)
terlemmel (*to gambol*)

Lenki (*to swallow)*

present participle: ow lenki			*past participle*: lenkys	
mutations -	-	-	-	-

Indicative	**Subjunctive**
present	*present*
lonkav	lenkiv
lenkydh	lenki
lenk	lonko
lenkyn	lenkyn
lenkowgh	lenkowgh
lenkons	lonkons
lenkir	lonker
imperfect	*imperfect*
lenkyn	lonken
lenkys	lonkes
lenki	lonka
lenkyn	lonken
lenkewgh	lonkewgh
lenkens	lonkens
lenkys	lenkys
preterite	**Imperative**
lenkis	-
lenksys	lonk
lonkas	lenkes
lenksyn	lenkyn
lenksowgh	lenkewgh
lonksons	lenkens
lonkas	-
pluperfect	
lonksen	
lonkses	
lonksa	
lonksen	
lonksewgh	
lonksens	
lonksys	

kollenki (*to swallow down*)
terlenki (*to gulp*)

Lenna (*to read aloud)*

present participle: ow lenna			*past participle*: lennys	
mutations -	-	-	-	-

Indicative

present
lennav
lennydh
lenn
lennyn
lennowgh
lennons
lennir

imperfect
lennen
lennes
lenna
lennen
lennewgh
lennens
lennys

preterite
lennis
lensys
lennas
lensyn
lensogh
lensons
lennas

pluperfect
lensen
lenses
lensa
lensen
lensewgh
lensens
lensys

Subjunctive

present
lenniv
lenni
lenno
lennyn
lennowgh
lennons
lenner

imperfect
lennen
lennes
lenna
lennen
lennewgh
lennens
lennys

Imperative

-
lenn
lennes
lennyn
lennewgh
lennens
-

Lenwel (*to fill*)

present participle: ow lenwel			*past participle*: lenwys		
mutations	-	-	-	-	-

Indicative	**Subjunctive**
present	*present*
lanwav	lenwiv
lenwydh	lenwi
lenow	lanwo
lenwyn	lenwyn
lenwowgh	lenwowgh
lenwons	lanwons
lenwir	lanwer
imperfect	*imperfect*
lenwyn	lanwen
lenwys	lanwes
lenwi	lanwa
lenwyn	lanwen
lenwewgh	lanwewgh
lenwens	lanwens
lenwys	lenwys
preterite	**Imperative**
lenwis	-
lenwsys/lewnsys	lanw (w *is silent before a consonant*)
lenwis	lenwes
lenwsyn/ lewnsyn	lenwyn
lenwsowgh/lewnsowgh	lenwewgh
lanwsons/lawnsons	lenwens
lenwis	-
pluperfect	
lanwsen/lawnsen	
lanwses/lawnses	
lanwsa/ lawnsa	
lanwsen/lawnsen	
lanwsewgh/lawnsewgh	
lanwsens/lawnsens	
lanwsys/lawsys	

delenwel (*to influence*)
kollenwel (*complete*)
morlenwel (*to rise (tide)*)

lenwel a (*to fill with*)

Leski (*to burn)*

present participle: ow leski			*past participle*: leskys	
mutations -	-	-	-	-

Indicative	**Subjunctive**
present	*present*
loskav	leskiv
leskydh	leski
lesk	losko
leskyn	leskyn
leskowgh	leskowgh
leskons	loskons
leskir	losker
imperfect	*imperfect*
leskyn	losken
leskys	loskes
leski	loska
leskyn	losken
leskewgh	loskewgh
leskens	loskens
leskys	loskys
preterite	**Imperative**
leskis	-
les'sys	losk
loskas	leskes
les'syn	leskyn
les'sowgh	leskewgh
los'sons	leskens
loskas	-
pluperfect	
los'sen	
los'ses	
los'sa	
los'sen	
los'sewgh	
los'sens	
los'sys	

goleski (*to singe*)
gorleski (*to incinerate*)
howlleski (*to tan, sunburn*)

Lesta (*to prevent)*

present participle: ow lesta		*past participle*: lestys		
mutations -	-	-	-	-

Indicative	**Subjunctive**
present	*present*
lestav	lesttiv
lestydh	lestti
lest	lestto
lestyn	lesttyn
lestowgh	lesttowgh
lestons	lesttons
lestir	lestter
imperfect	*imperfect*
lesten	lestten
lestes	lesttes
lesta	lestta
lesten	lestten
lestewgh	lesttewgh
lestens	lesttens
lestys	lesttys
preterite	**Imperative**
lestis	-
les'sys	lest
lestas	lestes
les'syn	lestyn
les'sowgh	lestewgh
les'sons	lestens
lestas	-
pluperfect	
les'sen	
les'ses	
les'sa	
les'sen	
les'sewgh	
les'sens	
les'sys	

Lettya (*to prevent*)

present participle: ow lettya			*past participle*: lettys/lettyes	
mutations -	-	-	-	-

Indicative	**Subjunctive**
present	*present*
lettyav	lettiv
lettydh	letti
lett	lettyo
lettyn	lettyn
lettyowgh	lettyowgh
lettyons	lettyons
lettir	lettyer
imperfect	*imperfect*
lettyen	lettyen
lettyes	lettyes
lettya	lettya
lettyen	lettyen
lettyewgh	lettyewgh
lettyens	lettyens
lettys	lettys
preterite	**Imperative**
lettis	-
lettsys	lett / letty before pronouns 'e' and 'i'
lettyas	lettyes
lettsyn	lettyn
lettsowgh	lettyewgh
lettsons	lettyens
lettyas	-
pluperfect	
lettsen	
lettses	
lettsa	
lettsen	
lettsewgh	
lettsens	
lettsys	

lettya a (*to stop from*)
lettya rag (*to prevent from*)

Leverel (*to say*)

present participle: ow leverel — *past participle*: leverys

mutations	-	-	-	-	-

Indicative	**Subjunctive**
present	*present*
lavarav	leverriv
leverydh	leverri
lever	lavarro
leveryn	leverryn
leverowgh	leverrowgh
leverons	lavarrons
leverir	leverrer
imperfect	*imperfect*
leveryn	lavarren
leverys	lavarres
leveri	lavarra
leveryn	lavarren
leverewgh	lavarrewgh
leverens	lavarrens
leverys	leverrys
preterite	**Imperative**
leveris	-
leversys	lavar
leveris	leveres
leversyn	leveryn
leversowgh	leverewgh
lavarsons	leverens
leveris	-
pluperfect	
lavarsen	
lavarses	
lavarsa	
lavarsen	
lavarsewgh	
lavarsens	
leversys	

darleverel *(to foretell)*
dasleverel *(to repeat)*
gowleverel *(to tell a lie)*
leverel dhe *(to speak to)*

Lughesi (*to flash*)

present participle: ow lughesi *past participle*: lughesys

mutations - - - - -

Indicative	**Subjunctive**
present	*present*
lughesav	lughessiv
lughesydh	lughessi
lughes	lughesso
lughesyn	lughessyn
lughesowgh	lughessowgh
lughesons	lughessons
lughesir	lughesser
imperfect	*imperfect*
lughesyn	lughessen
lughesys	lughesses
lughesi	lughessa
lughesyn	lughessen
lughesewgh	lughessewgh
lughesens	lughessens
lughesys	lughessys
preterite	**Imperative**
lughesis	-
lughessys	lughes
lughesas	lugheses
lughessyn	lughesyn
lughessowgh	lughesewgh
lughessons	lughesens
lughesas	-
pluperfect	
lughessen	
lughesses	
lughessa	
lughessen	
lughessewgh	
lughessens	
lughessys	

Maga *(to rear)*

present participle: ow maga — *past participle*: megys

mutations	2 vag	3 mag	4 mag	5 fag	5^+ vag

Indicative	**Subjunctive**
present	*present*
magav	mykkiv
megydh	mykki
mag	makko
megyn	mykkyn
megowgh	mykkowgh
magons	makkons
megir	makker
imperfect	*imperfect*
magen	makken
mages	makkes
maga	makka
magen	makken
magewgh	makkewgh
magens	makkens
megys	mykkys
preterite	**Imperative**
megis	-
megsys	mag
magas	mages
megsyn	megyn
megsowgh	megewgh
magsons	magens
magas	-
pluperfect	
magsen	
magses	
magsa	
magsen	
magsewgh	
magsens	
megsys	

Marghogeth (*to ride a horse)*

present participle: ow marghogeth   *past participle*: marghegys

mutations	2 varghok	3 marghok	4 marghok	5 farghok	5+ varghok

Indicative

present
marghogav
marghegydh
marghok
marghegyn
marghegowgh
marghogons
marghegir

imperfect
marghogen
marghoges
marghoga
marghogen
marghogewgh
marghogens
marghegys

preterite
marghegis
marghegsys
marghogas
marghegsyn
marghegsowgh
marghogsons
marghogas

pluperfect
marghogsen
marghogses
marghogsa
marghogsen
marghogsewgh
marghogsens
marghegsys

Subjunctive

present
marghekkiv
marghekki
marghokko
marghekkyn
marghekkowgh
marghokkons
marghokker

imperfect
marghokken
marghokkes
marghokka
marghokken
marghokkewgh
marghokkens
marghekkys

Imperative

-
marghok
marghoges
marghegyn
marghegewgh
marghogens
-

Medhes (*to speak)*

present participle: -	*past participle*: -
mutations

Indicative	**Subjunctive**
present	*present*
yn-medhav	-
yn-medhydh	-
yn-medh	-
yn-medhyn	-
yn-medhowgh	-
yn-medhons	-
-	-
imperfect	*imperfect*
-	-
-	-
-	-
-	-
-	-
-	-
-	-
preterite	**Imperative**
yn-medhav	-
yn-medhydh	-
yn-medh	-
yn-medhyn	-
yn-medhowgh	-
yn-medhons	-
-	-
pluperfect	
-	
-	
-	
-	
-	
-	
-	

Megi (*to smoke)*

present participle: ow megi			*past participle*: megys		
mutations	2 veg	3 meg	4 meg	5 feg	5^{+} veg

Indicative	**Subjunctive**
present	*present*
mogav	mekkiv
megydh	mekki
meg	mokko
megyn	mekkyn
megowgh	mekkowgh
megons	mokkons
megir	mokker
imperfect	*imperfect*
megyn	mokken
megys	mokkes
megi	mokka
megyn	mokken
megewgh	mokkewgh
megens	mokkens
megys	mekkys
preterite	**Imperative**
megis	-
megsys	mog
mogas	meges
megsyn	megyn
megsowgh	megewgh
mogsons	megens
mogas	-
pluperfect	
mogsen	
mogses	
mogsa	
mogsen	
mogsewgh	
mogsens	
mogsys	

Meneges (*to mention)*

present participle: ow meneges | *past participle*: menegys

mutations	2 venek	3 menek	4 menek	5 fenek	5^+ venek

Indicative	**Subjunctive**
present	*present*
menegav	menekkiv
menegydh	menekki
menek	menekko
menegyn	menekkyn
menegowgh	menekkowgh
menegons	menekkons
menegir	menekker
imperfect	*imperfect*
menegyn	menekken
menegys	menekkes
menegi	menekka
menegyn	menekken
menegewgh	menekkewgh
menegens	menekkens
menegys	menekkys
preterite	**Imperative**
menegis	-
menegsys	menek
menegas	meneges
menegsyn	menegyn
menegsowgh	menegewgh
menegsons	menegens
menegas	-
pluperfect	
menegsen	
menegses	
menegsa	
menegsen	
menegsewgh	
menegsens	
menegsys	

Merwel (*to die*)

present participle: ow merwel — *past participle*: merwys

mutations	2 verow	3 merow	4 merow	5 ferow	5^+ verow

Indicative	**Subjunctive**
present	*present*
marwav	merwiv
merwydh	merwi
merow	marwo
merwyn	merwyn
merwowgh	merwowgh
merwons	marwons
merwir	marwer
imperfect	*imperfect*
merwyn	marwen
merwys	marwes
merwi	marwa
merwyn	marwen
merwewgh	marwewgh
merwens	marwens
merwys	merwys
preterite	**Imperative**
merwis	-
merwsys/mewrsys	marw (w *is silent before a consonant*)
merwis	merwes
merwsyn/mewrsyn	merwyn
merwsowgh/mewrsowgh	merwewgh
marwsons/mawrsons	merwens
merwis	-
pluperfect	
marwsen/mawrsen	
marwses/mawrses	
marwsa/mawrsa	
marwsen/mawrsen	
marwsewgh/mawrsewgh	
marwsens/mawrsens	
marwsys/mawrsys	

Mires (*to look*)

present participle: ow mires			*past participle*: mirys		
mutations	2 vir	3 mir	4 mir	5 fir	5^+ vir

Indicative	**Subjunctive**
present	*present*
mirav	mirriv
mirydh	mirri
mir	mirro
miryn	mirryn
mirowgh	mirrowgh
mirons	mirrons
mirir	mirrer
imperfect	*imperfect*
miryn	mirren
mirys	mirres
miri	mirra
miryn	mirren
mirewgh	mirrewgh
mirens	mirrens
mirys	mirrys
preterite	**Imperative**
miris	-
mirsys	mir
miras	mires
mirsyn	miryn
mirsowgh	mirewgh
mirsons	mirens
miras	-
pluperfect	
mirsen	
mirses	
mirsa	
mirsen	
mirsewgh	
mirsens	
mirsys	

gorvires (*to supervise*)
govires (*to glance*)
mires orth (*to look at*)

Mollethi (*to curse)*

present participle: ow mollethi			*past participle*: mollethys		
mutations	2 volleth	3 molleth	4 molleth	5 folleth	5^+ volleth

Indicative	**Subjunctive**
present	*present*
mollothav	molletthiv
mollethydh	molletthi
molleth	mollottho
mollethyn	molletthyn
mollethowgh	molletthowgh
mollethons	mollotthons
mollethir	molletther
imperfect	*imperfect*
mollethyn	mollotthen
mollethys	mollotthes
mollethi	mollottha
mollethyn	mollotthen
mollethewgh	mollotthewgh
mollethens	mollotthens
mollethys	molletthys
preterite	**Imperative**
mollethis	-
mollethsys	molloth
mollethis	mollethes
mollethsyn	mollethyn
mollethsowgh	mollethewgh
mollothsons	mollethens
mollethis	-
pluperfect	
mollothsen	
mollothses	
mollothsa	
mollothsen	
mollothsewgh	
mollothsens	
mollethsys	

Mos/mones (*to go)*

present participle: ow mos/ow mones *past participle*: gyllys

mutations

Indicative		**Subjunctive**
present		*present*
av		ylliv
edh		ylli
a		ello
en		yllyn
ewgh		yllowgh
ons		ellons
er		eller
imperfect		*imperfect*
en		ellen
es		elles
e		ella
en		ellen
ewgh		ellewgh
ens		ellens
es/os		elles
preterite	*perfect*	**Imperative**
yth	galsov	-
ethys	galsos	ke/a
eth	gallas	es
ethen	galson	deun
ethewgh	galsowgh	kewgh/ewgh
ethons	galsons	ens
es	-	-
pluperfect		
gylsen		
gylses		
galsa		
gylsen		
gylsewgh		
gylsens		
-		

mos erbynn *(to meet)*
mos rag *(to vouch for)*
mos yn *(to go into)*
mos ha bos *(to become)*

Movya (*to move*)

present participle: ow movya			*past participle*: mevys/movyes		
mutations	2 vov	3 mov	4 mov	5 fov	5^+ vov

Indicative	**Subjunctive**
present	*present*
movyav	meffiv
mevydh	meffi
mov	moffyo
mevyn	meffyn
mevyowgh	meffyowgh
movyons	moffyons
mevir	moffer
imperfect	*imperfect*
movyen	moffyen
movyes	moffyes
movya	moffya
movyen	moffyen
movyewgh	moffyewgh
movyens	moffyens
mevys	meffys
preterite	**Imperative**
mevis	-
mevsys	mov / movy before pronouns 'e' and 'i'
movyas	movyes
mevsyn	mevyn
mevsowgh	mevyewgh
movsons	movyens
movyas	-
pluperfect	
movsen	
movses	
movsa	
movsen	
movsewgh	
movsens	
mevsys	

amovya *(to agitate)*

Mygla (*to cool off, grow indifferent)*

present participle: ow mygla   *past participle*: myglys

mutations	2 vygel	3 mygel	4 mygel	5 fygel	5^+ vygel

Indicative	**Subjunctive**
present	*present*
myglav	mykkliv
myglydh	mykkli
mygel	mykklo
myglyn	mykklyn
myglowgh	mykklowgh
myglons	mykklons
myglir	mykkler
imperfect	*imperfect*
myglen	mykklen
mygles	mykkles
mygla	mykkla
myglen	mykklen
myglewgh	mykklewgh
myglens	mykklens
myglys	mykklys
preterite	**Imperative**
myglis	-
myg'sys	mygel
myglas	mygles
myg'syn	myglyn
myg'sowgh	myglewgh
myg'sons	myglens
myglas	-
pluperfect	
myg'sen	
myg'ses	
myg'sa	
myg'sen	
myg'sewgh	
myg'sens	
myg'sys	

Mynnes (*to wish/want)*

present participle: -			*past participle*: -		
mutations	2 vynn	3 mynn	4 mynn	5 fynn	5^+ vynn

Indicative	**Subjunctive**
present	*present*
mynnav	mynniv
mynnydh	mynni
mynn	mynno
mynnyn	mynnyn
mynnowgh	mynnowgh
mynnons	mynnons
mynnir	mynner
imperfect	*imperfect*
mynnen	mynnen
mynnes	mynnes
mynna	mynna
mynnen	mynnen
mynnewgh	mynnewgh
mynnens	mynnens
mynnys	mynnys
preterite	**Imperative**
mynnis	-
mynsys	-
mynnas	-
mynsyn	-
mynsowgh	-
mynsons	-
mynnas	-
pluperfect	
mynsen	
mynses	
mynsa	
mynsen	
mynsewgh	
mynsens	
mynsys	

mynnes orth (*to want someone to..*)

Nagha (*to refuse*)

present participle: ow nagha			*past participle*: neghys	
mutations -	-	-	-	-

Indicative	**Subjunctive**
present	*present*
naghav	nygghiv
neghydh	nygghi
nagh	naggho
neghyn	nygghyn
neghowgh	nygghowgh
naghons	nagghons
neghir	naggher
imperfect	*imperfect*
naghen	nagghen
naghes	nagghes
nagha	naggha
naghen	nagghen
naghewgh	nagghewgh
naghens	nagghens
neghys	nygghys
preterite	**Imperative**
neghis	-
neghsys	nagh
naghas	naghes
neghsyn	neghyn
neghsowgh	neghewgh
naghsons	naghens
naghas	-
pluperfect	
naghsen	
naghses	
naghsa	
naghsen	
naghsewgh	
naghsens	
neghsys	

Neyja (*to fly*)

present participle: ow neyja			*past participle*: neyjys	
mutations -	-	-	-	-

Indicative	**Subjunctive**
present	*present*
neyjav	neycchiv
neyjydh	neycchi
neyj	neyccho
neyjyn	neycchyn
neyjowgh	neycchowgh
neyjons	neycchons
neyjir	neyccher
imperfect	*imperfect*
neyjen	neycchen
neyjes	neycches
neyja	neyccha
neyjen	neycchen
neyjewgh	neycchewgh
neyjens	neycchens
neyjys	neycchys
preterite	**Imperative**
neyjis	-
neyjsys	neyj
neyjas	neyjes
neyjsyn	neyjyn
neyjsowgh	neyjewgh
neyjsons	neyjens
neyjas	-
pluperfect	
neyjsen	
neyjses	
neyjsa	
neyjsen	
neyjsewgh	
neyjsens	
neyjsys	

terneyja (*to flit*)
treneyja (*to flutter*)

Ola (*to weep*)

present participle: owth ola			*past participle*: olys	
mutations -	-	-	-	-

Indicative	**Subjunctive**
present	*present*
olav	olliv
olydh	olli
ool	ollo
olyn	ollyn
olowgh	ollowgh
olons	ollons
olir	oller
imperfect	*imperfect*
olen	ollen
oles	olles
ola	olla
olen	ollen
olewgh	ollewgh
olens	ollens
olys	ollys
preterite	**Imperative**
olis	-
olsys	ool
olas	oles
olsyn	olyn
olsowgh	olewgh
olsons	olens
olas	-
pluperfect	
olsen	
olses	
olsa	
olsen	
olsewgh	
olsens	
olsys	

Omhweles (*to fall down, tip over)*

present participle: owth omhweles			*past participle*: omhwelys	
mutations -	-	-	-	-

Indicative	**Subjunctive**
present	*present*
omhwelav	omhwelliv
omhwelydh	omhwelli
omhwel	omhwello
omhwelyn	omhwellyn
omhwelowgh	omhwellowgh
omhwelons	omhwellons
omhwelir	omhweller
imperfect	*imperfect*
omhwelyn	omhwellen
omhwelys	omhwelles
omhweli	omhwella
omhwelyn	omhwellen
omhwelewgh	omhwellewgh
omhwelens	omhwellens
omhwelys	omhwellys
preterite	**Imperative**
omhwelis	-
omhwelsys	omhwel
omhwelis	omhweles
omhwelsyn	omhwelyn
omhwelsowgh	omhwelewgh
omhwelsons	omhwelens
omhwelis	-
pluperfect	
omhwelsen	
omhwelses	
omhwelsa	
omhwelsen	
omhwelsewgh	
omhwelsens	
omhwelsys	

Omladh *(to fight)*

present participle: owth omladh — *past participle*: omledhys

mutations - - - - -

Indicative	**Subjunctive**
present	*present*
omladhav	omlytthiv
omledhydh	omlytthi
omladh	omlattho
omledhyn	omlytthen
omledhowgh	omlytthowgh
omladhons	omlatthons
omledhir	omlatther
imperfect	*imperfect*
omledhyn	omlatthen
omledhys	omlatthes
omledhi	omlattha
omledhyn	omlatthen
omledhewgh	omlatthewgh
omledhens	omlatthens
omledhys	omlytthys
preterite	**Imperative**
omledhis	-
omledhsys	omladh
omladhas	omladhes
omledhsyn	omledhyn
omledhsowgh	omledhewgh
omladhsons	omladhens
omladhas	-
pluperfect	
omladhsen	
omladhses	
omladhsa	
omladhsen	
omladhsewgh	
omladhsens	
omladhsys	

Palas (*to dig*)

present participle: ow palas   *past participle*: pelys

mutations	2 bal	3 fal	4 pal	4 pal	5^+ pal

Indicative	**Subjunctive**
present	*present*
palav	pylliv
pelydh	pylli
pal	pallo
pelyn	pyllyn
pelowgh	pyllowgh
palons	pallons
pelir	paller
imperfect	*imperfect*
palen	pallen
pales	palles
pala	palla
palen	pallen
palewgh	pallewgh
palens	pallens
pelys	pyllys
preterite	**Imperative**
pelis	-
pelsys	pal
palas	pales
pelsyn	pelyn
pelsowgh	pelewgh
palsons	palens
palas	-
pluperfect	
palsen	
palses	
palsa	
palsen	
palsewgh	
palsens	
pelsys	

Pe (*to pay)*

present participle: ow pe			*past participle*: pes		
mutations	2 be	3 fe	4 pe	5 pe	5^+ pe

Indicative	**Subjunctive**
present	*present*
peav	peiv
peydh	pei
pe	peo
peyn	peyn
peowgh	peowgh
peons	peons
peir	peer
imperfect	*imperfect*
peen	peen
pees	pees
pea	pea
peen	peen
peewgh	peewgh
peens	peens
peys	peys
preterite	**Imperative**
peis	-
pesys	pe
peas	pees
pesyn	pen
pesowgh	peewgh
pesons	peens
peas	-
pluperfect	
pesen	
peses	
pesa	
pesen	
pesewgh	
pesens	
pesys	

Pedrevanas (*to creep on all fours*)

present participle: ow pedrevanas — *past participle*: pedrevenys

mutations	2 bedrevan	3 fedrevan	4 pedrevan	5 pedrevan	5+ pedrevan

Indicative

present
pedrevanav
pedrevenydh
pedrevan
pedrevenyn
pedrevenowgh
pedrevanons
pedrevenir

imperfect
pedrevanen
pedrevanes
pedrevana
pedrevanen
pedrevanewgh
pedrevanens
pedrevenys

preterite
pedrevenis
pedrevensys
pedrevanas
pedrevensyn
pedrevensowgh
pedrevansons
pedrevanas

pluperfect
pedrevansen
pedrevanses
pedrevansa
pedrevansen
pedrevansewgh
pedrevansens
pedrevensys

Subjunctive

present
pedrevynniv
pedrevynni
pedrevanno
pedrevynnyn
pedrevynnowgh
pedrevannons
pedrevanner

imperfect
pedrevannen
pedrevannes
pedrevanna
pedrevannen
pedrevannewgh
pedrevannens
pedrevynnys

Imperative

-
pedrevan
pedrevanes
pedrevenyn
pedrevenewgh
pedrevanens
-

Perghenegi (*to take over, claim*)

present participle: ow perghenegi *past participle*: perghenegys

mutations	2 berghenek	3 ferghenek	4 perghenek	5 perghenek	5^+ perghenek

Indicative

present
perghenegav
perghenegydh
perghenek
perghenegyn
perghenegowgh
perghenegons
perghenegir

imperfect
perghenegyn
perghenegys
perghenegi
perghenegyn
perghenegewgh
perghenegens
perghenegys

preterite
perghenegis
perghenegsys
perghenegas
perghenegsyn
perghenegsowgh
perghenegsons
perghenegas

pluperfect
perghenegsen
perghenegses
perghenegsa
perghenegsen
perghenegsewgh
perghenegsens
perghenegsys

Subjunctive

present
perghenekkiv
perghenekki
perghenekko
perghenekkyn
perghenekkowgh
perghenekkons
perghenekker

imperfect
perghenekken
perghenekkes
perghenekka
perghenekken
perghenekkewgh
perghenekkens
perghenekkys

Imperative

-
perghenek
pergheneges
perghenegyn
perghenegewgh
perghenegens
-

Perthi (*to bear*)

present participle: ow perthi — *past participle*: perthys

mutations	2 berth	3 ferth	4 perth	5 perth	5^+ perth

Indicative	**Subjunctive**
present	*present*
porthav	perthiv
perthydh	perthi
perth	portho
perthyn	perthyn
perthowgh	perthowgh
perthons	porthons
perthir	porther
imperfect	*imperfect*
perthyn	porthen
perthys	porthes
perthi	portha
perthyn	porthen
perthewgh	porthewgh
perthens	porthens
perthys	perthys
preterite	**Imperative**
perthis	-
perthsys	porth
porthas	perthes
perthsyn	perthyn
perthsowgh	perthewgh
porthsons	perthens
porthas	-
pluperfect	
porthsen	
porthses	
porthsa	
porthsen	
porthsewgh	
porthsens	
porthsys	

omberthi (*to balance*)
ynperthi (*to import*)

perthi kov a (*to remember*)
perthi orth (*to put up with*)
perthi own (*to be afraid*)

Pesya (*to continue)*

present participle: ow pesya			*past participle*: pesys/pesyes		
mutations	2 bys	3 fys	4 pys	5 pys	5^+ pys

Indicative

present
pesyav
pesydh
pys
pesyn
pesyowgh
pesyons
pesir

imperfect
pesyen
pesyes
pesya
pesyen
pesyewgh
pesyens
pesys

preterite
pesis
pessys
pesyas
pessyn
pessowgh
pessons
pesyas

pluperfect
pessen
pesses
pessa
pessen
pessewgh
pessens
pessys

Subjunctive

present
pessiv
pessi
pessyo
pessyn
pessyowgh
pessyons
pessyer

imperfect
pessyen
pessyes
pessya
pessyen
pessyewgh
pessyens
pessys

Imperative

-
pys / pysy before pronouns 'e' and 'i'
peses
pesyn
pesewgh
pesens
-

Plansa (*to plant*)

present participle: ow plansa			*past participle*: plensys		
mutations	2 blans	3 flans	4 plans	5 plans	5^+ plans

Indicative	**Subjunctive**
present	*present*
plansav	plynsiv
plensydh	plynsi
plans	planso
plensyn	plynsyn
plensowgh	plynsowgh
plansons	plansons
plensir	planser
imperfect	*imperfect*
plansen	plansen
planses	planses
plansa	plansa
plansen	plansen
plansewgh	plansewgh
plansens	plansens
plensys	plynsys
preterite	**Imperative**
plensis	-
plenssys	plans
plansas	planses
plenssyn	plensyn
plenssowgh	plensewgh
planssons	plansens
plansas	-
pluperfect	
planssen	
plansses	
planssa	
planssen	
planssewgh	
planssens	
plenssys	

Plattya *(to crouch)*

present participle: ow plattya — *past participle*: plettys/plattyes

mutatiott	2 blatt	3 flatt	4 platt	5 platt	5^+ platt

Indicative	**Subjunctive**
present	*present*
plattyav	plattiv
plattydh	platti
platt	plattyo
plattyn	plattyn
plattyowgh	plattyowgh
plattyons	plattyons
plattir	plattyer
imperfect	*imperfect*
plattyen	plattyen
plattyes	plattyes
plattya	plattya
plattyen	plattyen
plattyewgh	plattyewgh
plattyens	plattyens
plattys	plattys
preterite	**Imperative**
plattis	-
plattsys	platt / platty before pronouns 'e' and 'i'
plattyas	plattes
plattsyn	plattyn
plattsowgh	plattewgh
plattsons	plattens
plattyas	-
pluperfect	
plattsen	
plattses	
plattsa	
plattsen	
plattsewgh	
plattsens	
plattsys	

Plegya (*to fold/bend/be pleasing to)*

present participle: ow plegya			*past participle*: plegys/plegyes		
mutations	2 bleg	3 fleg	4 pleg	5 pleg	5^{+} pleg

Indicative	**Subjunctive**
present	*present*
plegyav	plekkiv
plegydh	plekki
pleg	plekkyo
plegyn	plekkyn
plegyowgh	plekkyowgh
plegyons	plekkyons
plegir	plekkyer
imperfect	*imperfect*
plegyen	plekkyen
plegyes	plekkyes
plegya	plekkya
plegyen	plekkyen
plegyewgh	plekkyewgh
plegyens	plekkyens
plegys	plekkys
preterite	**Imperative**
plegis	-
plegsys	pleg / plegy before pronouns 'e' and 'i'
plegyas	plegyes
plegsyn	plegyn
plegsowgh	plegyewgh
plegsons	plegyens
plegyas	-
pluperfect	
plegsen	
plegses	
plegsa	
plegsen	
plegsewgh	
plegsens	
plegsys	

plegya dhe/gans *(to please)*

Pobas *(to bake)*

present participle: ow pobas			*past participle*: pebys		
mutations 2 beb	3 feb		4 peb	5 peb	5^+ peb

Indicative	**Subjunctive**
present	*present*
pobav	peppiv
pebydh	peppi
peb	poppo
pebyn	peppyn
pebowgh	peppowgh
pebons	poppons
pebir	papper
imperfect	*imperfect*
pebyn	poppen
pebys	poppes
pebi	poppa
pebyn	poppen
pebewgh	poppewgh
pebens	poppens
pebys	peppys
preterite	**Imperative**
pebis	-
pepsys	pob
pebis	pebes
pepsyn	pebyn
pepsowgh	pebewgh
popsons	pebens
pebis	-
pluperfect	
popsen	
popses	
popsa	
popsen	
popsewgh	
popsens	
popsys	

Ponya *(to run)*

present participle: ow ponya			*past participle*: ponys/ponyes		
mutations	2 boon	3 fon	4 pon	5 pon	5^{+} pon

Indicative	**Subjunctive**
present	*present*
ponyav	ponniv
ponydh	ponni
poon	ponnyo
ponyn	ponnyn
ponyowgh	ponnyowgh
ponyons	ponnyons
ponir	ponnyer
imperfect	*imperfect*
ponyen	ponnyen
ponyes	ponnyes
ponya	ponnya
ponyen	ponnyen
ponyewgh	ponnyewgh
ponyens	ponnyens
ponys	ponnys
preterite	**Imperative**
ponis	-
ponsys	poon / poony before pronouns 'e' and 'i'
ponyas	ponyes
ponsyn	ponyn
ponsowgh	ponyewgh
ponsons	ponyens
ponyas	-
pluperfect	
ponsen	
ponses	
ponsa	
ponsen	
ponsewgh	
ponsens	
ponsys	

Powes (*to rest*)

present participle: ow powes *past participle*: powesys

mutations	2 bowes	3 fowes	4 powes	5 powes	5^+ powes

Indicative

present
powesav
powesydh
powes
powesyn
powesowgh
powesons
powesir

imperfect
powesen
poweses
powesa
powesen
powesewgh
powesens
powesys

preterite
powesis
powessys
powesas
powessyn
powessowgh
powessons
powesas

pluperfect
powessen
powesses
powessa
powessen
powessewgh
powessens
powessys

Subjunctive

present
powessiv
powessi
powesso
powessyn
powessowgh
powessons
powesser

imperfect
powessen
powesses
powessa
powessen
powessewgh
powessens
powessys

Imperative

-
powes
poweses
powesyn
powesewgh
powesens
-

Prederi (*to think, reflect)*

present participle: ow prederi | *past participle*: prederys

mutations	2 breder	3 freder	4 preder	5 preder	5^+ preder

Indicative

present
prederav
prederydh
preder
prederyn
prederowgh
prederons
prederir

imperfect
prederyn
prederys
prederi
prederyn
prederewgh
prederens
prederys

preterite
prederis
predersys
prederis
predersyn
predersowgh
predersons
prederis

pluperfect
predersen
prederses
predersa
predersen
predersewgh
predersens
predersys

Subjunctive

present
prederriv
prederri
prederro
prederryn
prederrowgh
prederrons
prederrer

imperfect
prederren
prederres
prederra
prederren
prederrewgh
prederrens
prederrys

Imperative

-
preder
prederes
prederyn
prederewgh
prederens
-

ombrederi *to ponder, consider*

Pregoth (*to preach)*

present participle: ow pregoth			*past participle*: pregethys		
mutations	2 bregoth	3 fregoth	4 pregoth	5 pregoth	5^+ pregoth

Indicative

present
pregothav
pregethydh
pregoth
pregethyn
pregethowgh
pregothons
pregethir

imperfect
pregothen
pregothes
pregotha
pregothen
pregothewgh
pregothens
pregethys

preterite
pregethis
pregethsys
pregothas
pregethsyn
pregethsowgh
pregothsons
pregothas

pluperfect
pregothsen
pregothses
pregothsa
pregothsen
pregothsewgh
pregothsens
pregethsys

Subjunctive

present
pregetthiv
pregetthi
pregottho
pregetthyn
pregetthowgh
pregotthons
pregotther

imperfect
pregotthen
pregotthes
pregottha
pregotthen
pregotthewgh
pregotthens
pregetthys

Imperative

-
pregoth
pregothes
pregethyn
pregethewgh
pregothens
-

Prena (*to buy*)

present participle: ow prena			*past participle*: prenys		
mutations	2 bren	3 fren	4 pren	5 pren	5^+ pren

Indicative		**Subjunctive**
present		*present*
prenav		prenniv
prenydh		prenni
pren		prenno
prenyn		prennyn
prenowgh		prennowgh
prenons		prennons
prenir		prenner
imperfect		*imperfect*
prenen		prennen
prenes		prennes
prena		prenna
prenen		prennen
prenewgh		prennewgh
prenens		prennens
prenys		prennys
preterite		**Imperative**
prenis		-
prensys		pren
prenas		prenes
prensyn		prenyn
prensowgh		prenewgh
prensons		prenens
prenas		-
pluperfect	*future*	
prensen	-	
prenses	-	
prensa	prenvydh	
prensen	-	
prensewgh	-	
prensens	-	
prensys	-	

gobrena (*to hire*)
hirbrena (*to buy on hire purchase*)
ragbrena (*to subscribe to*)
prena a *(to buy at [a price])*

Prenassa* *(to shop, go shopping)*

present participle: ow prenassa *past participle*: prenassys

mutations	2 brenass	3 frenass	4 prenass	5 prenass	5^+ prenass

Indicative		**Subjunctive**
present		*present*
prenassav		prenassiv
prenassydh		prenassi
prenass		prenasso
prenassyn		prenassyn
prenassowgh		prenassowgh
prenassons		prenassons
prenassir		prenasser
imperfect		*imperfect*
prenassen		prenassen
prenasses		prenasses
prenassa		prenassa
prenassen		prenassen
prenassewgh		prenassewgh
prenassens		prenassens
prenassys		prenassys
preterite		**Imperative**
prenassis		-
prenassys		prenass
prenassas		prenasses
prenassyn		prenassyn
prenassowgh		prenassewgh
prenassons		prenassens
prenassas		-
pluperfect	*future*	
prenassen	-	
prenasses	-	
prenassa	prenassvydh	
prenassen	-	
prenassewgh	-	
prenassens	-	
prenassys	-	

*This verb was used with the auxiliary verbs. The conjugation is offered as a modern usage. Similarly with legessa (to catch mice), pyskessa (to fish/go fishing), myrghessa (to chase girls) etc.

Previi *(to prove, test)*

present participle: ow previ   *past participle*: prevys

mutations	2 brev	3 frev	4 prev	5 prev	5^+ prev

Indicative	**Subjunctive**
present	*present*
provav	preffiv
prevydh	preffi
prev	proffo
prevyn	preffyn
prevowgh	preffowgh
prevons	proffons
previr	proffer
imperfect	*imperfect*
prevyn	proffen
prevys	proffes
previ	proffa
prevyn	proffen
prevewgh	proffewgh
prevens	proffens
prevys	preffys
preterite	**Imperative**
previs	-
prevsys	prov
provas	preves
prevsyn	prevyn
prevsowgh	prevewgh
provsons	prevens
provas	-
pluperfect	
provsen	
provses	
provsa	
provsen	
provsewgh	
provsens	
provsys	

arbrevi (*to experiment*)

Pysi (*to entreat/ask/beg)*

present participle: ow pysi — *past participle*: pysys

mutations	2 bys	3 fys	4 pys	5 pys	5^+ pys

Indicative

present
pysav
pysydh
pys
pysyn
pysowgh
pysons
pysir

imperfect
pysyn
pysys
pysi
pysyn
pysewgh
pysens
pysys

preterite
pysis
pyssys
pysis
pyssyn
pyssowgh
pyssons
pysis

pluperfect
pyssen
pysses
pyssa
pyssen
pyssewgh
pyssens
pyssys

Subjunctive

present
pyssiv
pyssi
pysso
pyssyn
pyssowgh
pyssons
pysser

imperfect
pyssen
pysses
pyssa
pyssen
pyssewgh
pyssens
pyssys

Imperative
-
pys
pyses
pysyn
pysewgh
pysens
-

pysi nebonan a *(to ask s.o. to do s.th.)*
pysi neppyth dyworth nebonan *(to ask s.o. for s.th.)*
pysi rag (*to pray for someone)* — pysi war (*to pray for something)*

Pywa (*to own*)

present participle: ow pywa — *past participle*: pywvedhys

mutations	2 byw	3 fyw	4 pyw	5 pyw	5^+ pyw

Indicative		**Subjunctive**
present		*present*
pywov		pywviv
pywos		pywvi
pyw		pywvo
pywon		pywvyn
pywowgh		pywvowgh
pywons		pywvons
pywor		pywver
imperfect	*habitual imperfect*	*imperfect*
pywen	pywvedhen	pywven
pywes	pywvedhes	pywves
pywo	pywvedha	pywva
pywen	pywvedhen	pywven
pywewgh	pywvedhewgh	pywvewgh
pywens	pywvedhens	pywvens
pywer	pywvedhes	pywves
preterite		**Imperative**
pywvev		-
pywves		-
pywva		-
pywven		-
pywvewgh		-
pywvons		-
pywva		-
pluperfect	*future*	
pywvien	pywvedhav	
pywvies	pywvedhydh	
pywvia	pywvydh	
pywvien	pywvedhyn	
pywviewgh	pywvedhowgh	
pywviens	pywvedhons	
pywvies	pywvedher	

Rakana (*to rake)*

present participle: ow rakana			*past participle*: rakenys	
mutations -	-	-	-	-

Indicative	**Subjunctive**
present	*present*
rakanav	rakynniv
rakenydh	rakynni
rakan	rakanno
rakenyn	rakynnyn
rakenowgh	rakynnowgh
rakanons	rakannons
rakenir	rakanner
imperfect	*imperfect*
rakanen	rakannen
rakanes	rakannes
rakana	rakanna
rakanen	rakannen
rakanewgh	rakannewgh
rakanens	rakannens
rakenys	rakannys
preterite	**Imperative**
rakenis	-
rakensys	rakan
rakanas	rakanes
rakensyn	rakenyn
rakensowgh	rakenewgh
rakansons	rakanens
rakanas	-
pluperfect	
rakansen	
rakanses	
rakansa	
rakansen	
rakansewgh	
rakansens	
rakensys	

Ranna *(to share)*

present participle: ow ranna　　*past participle*: rynnys

mutations - - - - -

Indicative

present
rannav
rynnydh
rann
rynnyn
rynnowgh
rannons
rynnir

imperfect
rannen
rannes
ranna
rannen
rannewgh
rannens
rynnys

preterite
rynnis
rynsys
rannas
rynsyn
rynsowgh
ransons
rannas

pluperfect
ransen
ranses
ransa
ransen
ransewgh
ransens
rynsys

Subjunctive

present
rynniv
rynni
ranno
rynnyn
rynnowgh
rannons
ranner

imperfect
rannen
rannes
ranna
rannen
rannewgh
rannens
rynnys

Imperative
-
rann
rannes
rynnyn
rynnewgh
rannens
-

With single 'n' in the singular 3rd person present indicative and 2nd person imperative:
ewnranna (*to ration*)
kevrenna (*to share*)

Redya (*to read)*

present participle: ow redya			*past participle*: redys/redyes		
mutations	-	-	-	-	-

Indicative	**Subjunctive**
present	*present*
redyav	rettiv
redydh	retti
red	rettyo
redyn	rettyn
redyowgh	rettyowgh
redyons	rettyons
redir	rettyer
imperfect	*imperfect*
redyen	rettyen
redyes	rettyes
redya	rettya
redyen	rettyen
redyewgh	rettyewgh
redyens	rettyens
redys	rettys
preterite	**Imperative**
redis	-
redsys	red / redy before pronouns 'e' and 'i'
redyas	redyes
redsyn	redyn
redsowgh	redyewgh
redsons	redyens
redyas	-
pluperfect	
redsen	
redses	
redsa	
redsen	
redsewgh	
redsens	
redsys	

Restra (*to arrange)*

present participle: ow restra			*past participle*: restrys		
mutations	-	-	-	-	-

Indicative	**Subjunctive**
present	*present*
restrav	restriv
restrydh	restri
rester	restro
restryn	restryn
restrowgh	restrowgh
restrons	restrons
restrir	restrer
imperfect	*imperfect*
restren	restren
restres	restres
restra	restra
restren	restren
restrewgh	restrewgh
restrens	restrens
restrys	restrys
preterite	**Imperative**
restris	-
restersys	rester
restras	restres
restersyn	restryn
restersowgh	restrewgh
restersons	restrens
restras	-
pluperfect	
restersen	
resterses	
restersa	
restersen	
restersewgh	
restersens	
restersys	

Ri (*to give*)

present participle: ow ri	*past participle*: res

mutations	-	-	-	-	-

Indicative	**Subjunctive**
present	*present*
rov	rylliv
redh	rylli
re	rollo
ren	ryllyn
rowgh	ryllowgh
rons	rollons
rer	roller
imperfect	*imperfect*
ren	rollen
res	rolles
ri	rolla
ren	rollen
rewgh	rollewgh
rens	rollens
res	rollys
preterite	**Imperative**
res	-
resys	ro/roy
ros	res
resen	ren
resowgh	rewgh
rosons	rens
ros	-
pluperfect	
rosen	
roses	
rosa	
rosen	
rosewgh	
rosens	
rosys	

omri (*to surrender*)

Segha (*to dry*)

present participle: ow segha	*past participle*: seghys
mutations - -	- - -

Indicative	**Subjunctive**
present	*present*
seghav	segghiv
seghydh	segghi
segh	segghyo
seghyn	segghyn
seghowgh	segghowgh
seghons	segghons
seghir	syggher
imperfect	*imperfect*
seghen	segghen
seghes	segghes
segha	seggha
seghen	segghen
seghewgh	segghewgh
seghens	segghens
seghys	sygghys
preterite	**Imperative**
seghis	-
seghsys	segh
seghas	seghes
seghsyn	seghyn
seghsowgh	seghewgh
seghsons	seghens
seghas	-
pluperfect	
seghsen	
seghses	
seghsa	
seghsen	
seghsewgh	
seghsens	
seghsys	

desegha *(to dry)*

Seni *(to ring/sound)*

present participle: ow seni — *past participle*: senys

mutations - - - - -

Indicative	**Subjunctive**
present	*present*
sonav	senniv
senydh	senni
sen	sonno
senyn	sennyn
senowgh	sennowgh
senons	sonnons
senir	sonner
imperfect	*imperfect*
senyn	sonnen
senys	sonnes
seni	sonna
senyn	sonnen
senewgh	sonnewgh
senens	sonnens
senys	sennys
preterite	**Imperative**
senis	-
sensys	son
sonas	senes
sensyn	senyn
sensowgh	senewgh
sonsons	senens
sonas	-
pluperfect	
sonsen	
sonses	
sonsa	
sonsen	
sonsewgh	
sonsens	
sonsys	

dasseni *(to resonate)*
kesseni (*to resound/echo*)

Serghi (*to cling*)

present participle: ow serghi			*past participle*: serghys	
mutations -	-	-	-	-

Indicative	**Subjunctive**
present	*present*
serghav	serghiv
serghydh	serghi
sergh	sergho
serghyn	serghyn
serghowgh	serghowgh
serghons	serghons
serghir	sergher
imperfect	*imperfect*
serghyn	serghen
serghys	serghes
serghi	sergha
serghyn	serghen
serghewgh	serghewgh
serghens	serghens
serghys	serghys
preterite	**Imperative**
serghis	-
serghsys	sergh
serghas	serghes
serghsyn	serghyn
serghsowgh	serghewgh
serghsons	serghens
serghas	-
pluperfect	
serghsen	
serghses	
serghsa	
serghsen	
serghsewgh	
serghsens	
serghsys	

Settya (*to set, place)*

present participle: ow settya	*past participle*: settys/settyes
mutations - -	- - -

Indicative	**Subjunctive**
present	*present*
settyav	settiv
settydh	setti
sett	settyo
settyn	settyn
settyowgh	settyowgh
settyons	settyons
settir	settyer
imperfect	*imperfect*
settyen	settyen
settyes	settyes
settya	settya
settyen	settyen
settyewgh	settyewgh
settyens	settyens
settys	settys
preterite	**Imperative**
settis	-
settsys	sett / setty before pronouns 'e' and 'i'
settyas	settes
settsyn	settyn
settsowgh	settyewgh
settsons	settyens
settyas	-
pluperfect	
settsen	
settses	
settsa	
settsen	
settsewgh	
settsens	
settsys	

omsettya orth(*to attack*)

settya dalghen yn (*to grip/take hold*)
settya orth (*to resist*)
settya war (*to assault/attack*)

Sevel *(to stand)*

present participle: ow sevel *past participle*: sevys

mutations - - - - -

Indicative

present
savav
sevydh
sev
sevyn
sevowgh
sevons
sevir

imperfect
sevyn
sevys
sevi
sevyn
sevewgh
sevens
sevys

preterite
sevis
sevsys
sevis
sevsyn
sevsowgh
sevsons
sevis

pluperfect
savsen
savses
savsa
savsen
savsewgh
savsens
sevsys

Subjunctive

present
seffiv
seffi
saffo
seffyn
seffowgh
saffons
seffer

imperfect
saffen
saffes
saffa
saffen
saffewgh
saffens
seffys

Imperative
-
sav
seves
sevyn
sevewgh
sevens
-

sevel orth *(to withstand)*

Seweni (*to succeed)*

present participle: ow seweni			*past participle*: sewenys		
mutations	-	-	-	-	-

Indicative	**Subjunctive**
present	*present*
sewenav	sewenniv
sewenydh	sewenni
sewen	sewenno
sewenyn	sewennyn
sewenowgh	sewennowgh
sewenons	sewennons
sewenir	sewenner
imperfect	*imperfect*
sewenyn	sewennen
sewenys	sewennes
seweni	sewenna
sewenyn	sewennen
sewenewgh	sewennewgh
sewenens	sewennens
sewenys	sewennys
preterite	**Imperative**
sewenis	-
sewensys	sewen
sewenas	sewenes
sewensyn	sewenyn
sewensowgh	sewenewgh
sewensons	sewenens
sewenas	-
pluperfect	
sewensen	
sewenses	
sewensa	
sewensen	
sewensewgh	
sewensens	
sewensys	

Sewya *(to follow)*

present participle: ow sewya			*past participle*: sewys/sewyes	
mutations -	-	-	-	-

Indicative	**Subjunctive**
present	*present*
sewyav	sewiv
sewydh	sewi
sew	sewo
sewyn	sewyn
sewyowgh	sewyowgh
sewyons	sewyons
sewir	sewyer
imperfect	*imperfect*
sewyen	sewyen
sewyes	sewyes
sewya	sewya
sewyen	sewyen
sewyewgh	sewyewgh
sewyens	sewyens
sewys	sewys
preterite	**Imperative**
sewis	-
sewsys	sew / sewy before pronouns 'e' and 'i'
sewyas	sewyes
sewsyn	sewyn
sewsowgh	sewyewgh
sewsons	sewyens
sewyas	-
pluperfect	
sewsen	
sewses	
sewsa	
sewsen	
sewsewgh	
sewsens	
sewsys	

darsewya *(to prosecute)*
pursewya *(to pursue)*
skolksewya *(to stalk)*

Skeusi (*to escape, get away from*)

present participle: ow skeusi		*past participle*: skeusys		
mutations -	-	-	-	-

Indicative	**Subjunctive**
present	*present*
skeusav	skeussiv
skeusydh	skeussi
skeus	skeusso
skeusyn	skeussyn
skeusowgh	skeussowgh
skeusons	skeussons
skeusir	skeusser
imperfect	*imperfect*
skeusyn	skeussen
skeusys	skeusses
skeusi	skeussa
skeusyn	skeussen
skeusewgh	skeussewgh
skeusens	skeussens
skeusys	skeussys
preterite	**Imperative**
skeusis	-
skeussys	skeus
skeusis	skeuses
skeussyn	skeusyn
skeussowgh	skeusewgh
skeussons	skeusens
skeusis	-
pluperfect	
skeussen	
skeusses	
skeussa	
skeussen	
skeussewgh	
skeussens	
skeussys	

Research has determined that verbs with a stem vowel 'eu' and a verbal noun suffix '-i' have a 3rd person singular preterite ending '-is', supplementary to the list of such verbs found at GMC-180/4.

Skollya (*to waste)*

present participle: ow skollya		*past participle*: skollys/skollyes		
mutations -	-	-	-	-

Indicative	**Subjunctive**
present	*present*
skollyav	skolliv
skollydh	skolli
skoll	skollyo
skollyn	skollyn
skollyowgh	skollyowgh
skollyons	skollyons
skollir	skollyer
imperfect	*imperfect*
skollyen	skollyen
skollyes	skollyes
skollya	skollya
skollyen	skollyen
skollyewgh	skollyewgh
skollyens	skollyens
skollys	skollys
preterite	**Imperative**
skollis	-
skolsys	skoll / skolly before pronouns 'e' and 'i'
skollyas	skollyes
skolsyn	skollyn
skolsowgh	skollyewgh
skolsons	skollyens
skollyas	-
pluperfect	
skolsen	
skolses	
skolsa	
skolsen	
skolsewgh	
skolsens	
skolsys	

Skonya (*to refuse)*

present participle: ow skonya — *past participle*: skonys/skonyes

mutations - - - - -

Indicative	**Subjunctive**
present	*present*
skonyav	skonniv
skonydh	skonni
skon	skonnyo
skonyn	skonnyn
skonyowgh	skonnyowgh
skonyons	skonnyons
skonir	skonnyer
imperfect	*imperfect*
skonyen	skonnyen
skonyes	skonnyes
skonya	skonnya
skonyen	skonnyen
skonyewgh	skonnyewgh
skonyens	skonnyens
skonys	skonnys
preterite	**Imperative**
skonis	-
skonsys	skon / skony before pronouns 'e' and 'i'
skonyas	skonyes
skonsyn	skonyn
skonsowgh	skonyewgh
skonsons	skonyens
skonyas	-
pluperfect	
skonsen	
skonses	
skonsa	
skonsen	
skonsewgh	
skonsens	
skonsys	

skonya a (*to refuse to*)

Skrifa (*to write*)

present participle: ow skrifa — *past participle*: skrifys

mutations - - - - -

Indicative

present
skrifav
skrifydh
skrif
skrifyn
skrifowgh
skrifons
skrifir

imperfect
skrifen
skrifes
skrifa
skrifen
skrifewgh
skrifens
skrifys

preterite
skrifis
skrifsys
skrifas
skrifsyn
skrifsowgh
skrifsons
skrifas

pluperfect
skrifsen
skrifses
skrifsa
skrifsen
skrifsewgh
skrifsens
skrifsys

Subjunctive

present
skriffiv
skriffi
skriffo
skriffyn
skriffowgh
skriffons
skriffer

imperfect
skriffen
skriffes
skriffa
skriffen
skriffewgh
skriffens
skriffys

Imperative

-
skrif
skrifes
skrifyn
skrifewgh
skrifens
-

askrifa (*to ascribe*)
berrskrifa (*to summarise*)
dasskrifa *(to copy)*
deskrifa *(to describe)*
dornskrifa *(to write by hand)*
jynnskrifa *(to type)*
kesskrifa *(to correspond)*
keynskrifa (*to endorse*)
kovskrifa *(to register)*
pellskrifa *(to telegraph)*
sonskrifa (*to record*)
terskrifa *(to jot)*

Skrija (*to cry out*)

present participle: ow skrija			*past participle*: skrijys	
mutations -	-	-	-	-

Indicative	**Subjunctive**
present	*present*
skrijav	skricchiv
skrijydh	skricchi
skrij	skriccho
skrijyn	skricchyn
skrijowgh	skricchowgh
skrijons	skricchons
skrijir	skriccher
imperfect	*imperfect*
skrijen	skricchen
skrijes	skricches
skrija	skriccha
skrijen	skricchen
skrijewgh	skricchewgh
skrijens	skricchens
skrijys	skricchys
preterite	**Imperative**
skrijis	-
skrijsys	skrij
skrijas	skrijes
skrijsyn	skrijyn
skrijsowgh	skrijewgh
skrijsons	skrijens
skrijas	-
pluperfect	
skrijsen	
skrijses	
skrijsa	
skrijsen	
skrijsewgh	
skrijsens	
skrijsys	

Skrynkya (*to grimace)*

present participle: ow skrynkya			*past participle*: skrynkys/skrynkyes	
mutations -	-	-	-	-

Indicative	**Subjunctive**
present	*present*
skrynkyav	skrynkiv
skrynkydh	skrynki
skrynk	skrynkyo
skrynkyn	skrynkyn
skrynkyowgh	skrynkyowgh
skrynkyons	skrynkyons
skrynkir	skrynkyer
imperfect	*imperfect*
skrynkyen	skrynkyen
skrynkyes	skrynkyes
skrynkya	skrynkya
skrynkyen	skrynkyen
skrynkyewgh	skrynkyewgh
skrynkyens	skrynkyens
skrynkys	skrynkys
preterite	**Imperative**
skrynkis	-
skrynksys	skrynk / skrynky before pronouns 'e' and 'i'
skrynkyas	skrynkyes
skrynksyn	skrynkyn
skrynksowgh	skrynkyewgh
skrynksons	skrynkyens
skrynkyas	-
pluperfect	
skrynksen	
skrynkses	
skrynksa	
skrynksen	
skrynksewgh	
skrynksens	
skrynksys	

skrynkya orth (*to make a face at*)

Skubya (*to sweep*)

present participle: ow skubya			*past participle*: skubys/skubyes		
mutations	-	-	-	-	-

Indicative	**Subjunctive**
present	*present*
skubyav	skuppiv
skubydh	skuppi
skub	skuppyo
skubyn	skuppyn
skubyowgh	skuppyowgh
skubyons	skuppyons
skubir	skuppyer
imperfect	*imperfect*
skubyen	skuppyen
skubyes	skuppyes
skubya	skuppya
skubyen	skuppyen
skubyewgh	skuppyewgh
skubyens	skuppyens
skubys	skuppys
preterite	**Imperative**
skubis	-
skubsys	skub / skuby before pronouns 'e' and 'i'
skubyas	skubyes
skubsyn	skubyn
skubsowgh	skubyewgh
skubsons	skubyens
skubyas	-
pluperfect	
skubsen	
skubses	
skubsa	
skubsen	
skubsewgh	
skubsens	
skubsys	

Skwychya (*to switch)*

present participle: ow skwychya — *past participle*: skwychys/skwychyes

mutations - - - - -

Indicative	**Subjunctive**
present	*present*
skwychyav	skwycchiv
skwychydh	skwycchi
skwych	skwycchyo
skwychyn	skwycchyn
skwychyowgh	skwycchyowgh
skwychyons	skwycchyons
skwychir	skwycchyer
imperfect	*imperfect*
skwychyen	skwycchyen
skwychyes	skwycchyes
skwychya	skwycchya
skwychyen	skwycchyen
skwychyewgh	skwycchyewgh
skwychyens	skwycchyens
skwychys	skwycchys
preterite	**Imperative**
skwychis	-
skwychsys	skwych / skwychy before pronouns 'e' and 'i'
skwychyas	skwychyes
skwychsyn	skwychyn
skwychsowgh	skwychyewgh
skwychsons	skwychyens
skwychyas	-
pluperfect	
skwychsen	
skwychses	
skwychsa	
skwychsen	
skwychsewgh	
skwychsens	
skwychsys	

skwychya yn fyw (*to switch on*)
skwychya yn farow (*to switch off*)

Sowdhanas (*to be surprised, go astray*)

present participle: ow sowdhanas   *past participle*: sowdhenys

mutations - - - - -

Indicative	**Subjunctive**
present	*present*
sowdhanav	sowdhynniv
sowthenydh	sowdhynni
sowdhan	sowdhanno
sowdhenyn	sowdhynnyn
sowdhenowgh	sowdhynnowgh
sowdhanons	sowdhannons
sowdhenir	sowdhanner
imperfect	*imperfect*
sowdhanen	sowdhannen
sowthanes	sowdhannes
sowdhana	sowdhanna
sowdhanen	sowdhannen
sowdhanewgh	sowdhannewgh
sowdhanens	sowdhannens
sowdhenys	sowdhynnys
preterite	**Imperative**
sowdhenis	-
sowthensys	sowdhan
sowdhanas	sowdhanes
sowdhensyn	sowdhenyn
sowdhensowgh	sowdhenewgh
sowdhansons	sowdhanens
sowdhanas	-
pluperfect	
sowdhansen	
sowthanses	
sowdhansa	
sowdhansen	
sowdhansewgh	
sowdhansens	
sowdhensys	

Splanna (*to shine)*

present participle: ow splanna *past participle*: splennys

mutations - - - - -

Indicative

present
splannav
splennydh
splann
splennyn
splennowgh
splannons
splennir

imperfect
splannen
splannes
splanna
splannen
splannewgh
splannens
splennys

preterite
splennis
splensys
splannas
splensyn
splensowgh
splansons
splannas

pluperfect
splansen
splanses
splansa
splansen
splansewgh
splansens
splensys

Subjunctive

Present
splynniv
splynni
splanno
splynnyn
splynnowgh
splannons
splanner

imperfect
splannen
splannes
splanna
splannen
splannewgh
splannens
splynnys

Imperative

-
splann
splannes
splennyn
splennewgh
splannens
-

Synsi (*to hold*)

present participle: ow synsi			*past participle*: synsys	
mutations -	-	-	-	-

Indicative	**Subjunctive**
present	*present*
synsav	synsiv
synsydh	synsi
syns	synso
synsyn	synsyn
synsowgh	synsowgh
synsons	synsons
synsir	synser
imperfect	*imperfect*
synsyn	synsen
synsys	synses
synsi	synsa
synsyn	synsen
synsewgh	synsewgh
synsens	synsens
synsys	synsys
preterite	**Imperative**
synsis	-
synssys	syns
synsis	synses
synssyn	synsyn
synssowgh	synsewgh
synssons	synsens
synsis	-
pluperfect	
synssen	
synsses	
synssa	
synssen	
synssewgh	
synssens	
synssys	

synsi dhe *(to be beholden to)*

Tardha (*to explode)*

present participle: ow tardha — *past participle*: terdhys

mutations	2 dardh	3 thardh	4 tardh	5 tardh	5^+ tardh

Indicative	**Subjunctive**
present	*present*
tardhav	tyrthiv
terdhydh	tyrthi
tardh	tartho
terdhyn	tyrthyn
terdhowgh	tyrthowgh
tardhons	tarthons
terdhir	tarther
imperfect	*imperfect*
tardhen	tarthen
tardhes	tarthes
tardha	tartha
tardhen	tarthen
tardhewgh	tarthewgh
tardhens	tarthens
terdhys	tyrthys
preterite	**Imperative**
terdhis	-
terdhsys	tardh
tardhas	tardhes
terdhsyn	tardhyn
terdhsowgh	tardhewgh
tardhsons	tardhens
tardhas	-
pluperfect	
tardhsen	
tardhses	
tardhsa	
tardhsen	
tardhsewgh	
tardhsens	
terdhsys	

Tava (*to touch*)

present participle: ow tava			*past participle*: tevys		
mutations	2 dav	3 thav	4 tav	5 tav	5^{+} tav

Indicative	**Subjunctive**
present	*present*
tavav	tyffiv
tevydh	tyffi
tav	taffo
tevyn	tyffyn
tevowgh	tyffowgh
tavons	taffons
tevir	taffer
imperfect	*imperfect*
taven	taffen
taves	taffes
tava	taffa
taven	taffen
tavewgh	taffewgh
tavens	taffens
tevys	tyffys
preterite	**Imperative**
tevis	-
tevsys	tav
tavas	taves
tevsyn	tevyn
tevsowgh	tevewgh
tavsons	tavens
tavas	-
pluperfect	
tavsen	
tavses	
tavsa	
tavsen	
tavsewgh	
tavsens	
tevsys	

Tenna (*to pull*)

present participle: ow tenna — *past participle*: tennys

mutations	2 denn	3 thenn	4 tenn	5 tenn	5⁺ tenn

Indicative	**Subjunctive**
present	*present*
tennav	tenniv
tennydh	tenni
tenn	tenno
tennyn	tennyn
tennowgh	tennowgh
tennons	tennons
tennir	tenner
imperfect	*imperfect*
tennen	tennen
tennes	tennes
tenna	tenna
tennen	tennen
tennewgh	tennewgh
tennens	tennens
tennys	tennys
preterite	**Imperative**
tennis	-
tensys	tenn
tennas	tennes
tensyn	tennyn
tensowgh	tennewgh
tensons	tennens
tennas	-
pluperfect	
tensen	
tenses	
tensa	
tensen	
tensewgh	
tensens	
tensys	

With single 'n' in the singular 3rd person present indicative and 2nd person imperative:
kildenna (*to retreat*)
omdenna (*to retire*)

Terlentri (*to shine)*

present participle: ow terlentri			*past participle*: terlentrys		
mutations	2 derlenter	3 therlenter	4 terlenter	5 terlenter	5^+ terlenter

Indicative	**Subjunctive**
present	*present*
terlentrav	terlentriv
terlentrydh	terlentri
terlenter	terlentro
terlentryn	terlentryn
terlentrowgh	terlentrowgh
terlentrons	terlentrons
terlentrir	terlentrer
imperfect	*imperfect*
terlentren	terlentren
terlentres	terlentres
terlentri	terlentra
terlentren	terlentren
terlentrewgh	terlentrewgh
terlentrens	terlentrens
terlentrys	terlentrys
Preterite	**Imperative**
terlentris	-
terlentersys	terlenter
terlentras	terlentres
terlentersyn	terlentryn
terlentersowgh	terlentrewgh
terlentersons	terlentrens
terlentras	-
pluperfect	
terlentersen	
terlenterses	
terlentersa	
terlentersen	
terlentersewgh	
terlentersens	
terlentersys	

Terri (*to break)*

present participle: ow terri			*past participle*: terrys		
mutations	2 derr	3 therr	4 terr	5 terr	5^+ terr

Indicative	**Subjunctive**
present	*present*
torrav	terriv
terrydh	terri
terr	torro
terryn	terryn
terrowgh	terrowgh
terrons	torrons
terrir	torrer
imperfect	*imperfect*
terryn	torren
terrys	torres
terri	torra
terryn	torren
terrewgh	torrewgh
terrens	torrens
terrys	terrys
preterite	**Imperative**
terris	-
tersys	torr
torras	terres
tersyn	terryn
tersowgh	terrewgh
torsons	terrens
torras	-
pluperfect	
torsen	
torses	
torsa	
torsen	
torsewgh	
torsens	
torsys	

terri dhe *(to break into)*
goderri (*to interrupt*)

Tevi (*to grow*) *(intransitive)*

present participle: ow tevi | *past participle*: tevys

mutations	2 dyv	3 thyv	4 tyv	5 tyv	5^+ tyv

Indicative

present
tevav
tevydh
tyv
tevyn
tevowgh
tevons
tevir

imperfect
tevyn
tevys
tevi
tevyn
tevewgh
tevens
tevys

preterite
tevis
tevsys
tevis
tevsyn
tevsowgh
tevsons
tevis

pluperfect
tevsen
tevses
tevsa
tevsen
tevsewgh
tevsens
tevsys

Subjunctive

present
teffiv
teffi
teffo
teffyn
teffowgh
teffons
teffer

imperfect
teffen
teffes
teffa
teffen
teffewgh
teffens
teffys

Imperative

-
tev
teves
tevyn
tevewgh
tevens
-

Tewel (*to keep silent)*

present participle: ow tewel			*past participle*: tewys		
mutations	2 dew	3 thew	4 tew	5 tew	5^+ tew

Indicative	**Subjunctive**
present	*present*
tawav	tewiv
tewydh	tewi
tew	tawo
tewyn	tewyn
tewowgh	tewowgh
tewons	tawons
tewir	tewer
imperfect	*imperfect*
tewyn	tawen
tewys	tawes
tewi	tawa
tewyn	tawen
tewewgh	tawewgh
tewens	tawens
tewys	tewys
preterite	**Imperative**
tewis	-
tewsys	taw
tewis	tewes
tewsyn	tewyn
tewsowgh	tewewgh
tawsons	tewens
tewis	-
pluperfect	
tawsen	
tawses	
tawsa	
tawsen	
tawsewgh	
tawsens	
tewsys	

Ti (*to swear)*

present participle: ow ti			*past participle*: tes		
mutations	2 de	3 the	4 te	5 te	5^+ te

Indicative	**Subjunctive**
present	*present*
tov	tylliv
tedh	tylli
te	tollo
ten	tylln
towgh	tyllowgh
tons	tollons
ter	toller
imperfect	*imperfect*
ten	tollen
tes	tolles
te	tolla
ten	tollen
tewgh	tollewgh
tens	tollens
tes	tollys
preterite	**Imperative**
tes	-
tesys	to
tos	teses
tesen	tes
tesowgh	tewgh
tosons	tens
tos	-
pluperfect	
tosen	
toses	
tosa	
tosen	
tosewgh	
tosens	
tosys	

Treghi (*to cut)*

present participle: ow treghi			*past participle*: treghys		
mutations	2 dregh	3 thregh	4 tregh	5 tregh	5^+ tregh

Indicative	**Subjunctive**
present	*present*
troghav	tregghiv
treghydh	tregghi
tregh	troggho
treghyn	tregghyn
treghowgh	tregghowgh
treghons	trogghons
treghir	troggher
imperfect	*imperfect*
treghyn	trogghen
treghys	trogghes
treghi	troggha
treghyn	trogghen
treghewgh	trogghewgh
treghens	trogghens
treghys	tregghys
preterite	**Imperative**
treghis	-
treghsys	trogh
troghas	treghes
treghsyn	treghyn
treghsowgh	treghewgh
troghsons	treghens
troghas	-
pluperfect	
troghsen	
troghses	
troghsa	
troghsen	
troghsewgh	
troghsens	
troghsys	

Triga *(to live, dwell)*

present participle: ow triga — *past participle*: trigys

mutations	2 drig	3 thrig	4 trig	5 trig	5^{+} trig

Indicative

present
trigav
trigydh
trig
trigyn
trigowgh
trigons
trigir

imperfect
trigen
triges
triga
trigen
trigewgh
trigens
trigys

preterite
trigis
trigsys
trigas
trigsyn
trigsowgh
trigsons
trigas

pluperfect
trigsen
trigses
trigsa
trigsen
trigsewgh
trigsens
trigsys

Subjunctive

present
trikkiv
trikki
trikko
trikkyn
trikkowgh
trikkons
trikker

imperfect
trikken
trikkes
trikka
trikken
trikkewgh
trikkens
trikkys

Imperative

-
trig
triges
trigyn
trigewgh
trigens
-

godriga *(to visit)*

Tybi (*to think*)

present participle: ow tybi — *past participle*: tybys

mutations	2 dyb	3 thyb	4 tyb	5 tyb	5^+ tyb

Indicative	**Subjunctive**
present	*present*
tybav	typpiv
tybydh	typpi
tyb	typpo
tybyn	typpyn
tybowgh	typpowgh
tybons	typpons
tybir	typper
imperfect	*imperfect*
tybyn	typpen
tybys	typpes
tybi	typpa
tybyn	typpen
tybewgh	typpewgh
tybens	typpens
tybys	typpys
preterite	**Imperative**
tybis	-
tybsys	tyb
tybis	tybes
tybsyn	tybyn
tybsowgh	tybewgh
tybsons	tybens
tybis	-
pluperfect	
tybsen	
tybses	
tybsa	
tybsen	
tybsewgh	
tybsens	
tybsys	

godybi (*to hypothesize*)

Tyli/talvos (*to pay, owe)*

present participle: ow tyli | *past participle*: tylys/talvedhys

mutations	2 dal	3 thal	4 tal	5 tal	5^+ tal

Indicative

present
talav
tylydh
tal
tylyn
tylowgh
talons
tylir

imperfect
telen
teles
tela
telen
telewgh
telens
teles

preterite
tylis
tylsys
tylis
tylsyn
tylsowgh
talsons
tylis

pluperfect	*future*
talven	talvedhav
talvies	talvedhydh
talvia	talvydh
talvien	talvedhyn
talviewgh	talvedhowgh
talviens	talvedhons
talvies	talvedher

Subjunctive

present
tylliv
tylli
tallo
tyllyn
tyllowgh
tallons
taller

imperfect
tallfen
tallfes
tallfa
tallfen
tallfewgh
tallfens
tallfes

Imperative

-
tal
teles
telen
telewgh
telens
-

attyli (*to repay)*

Wolkomma (*to welcome)*

present participle: ow wolkomma			*past participle*: wolkommys		
mutations	-	-	-	-	-

Indicative	**Subjunctive**
present	*present*
wolkommav	wolkommiv
wolkommydh	wolkommi
wolkom	wolkommo
wolkommyn	wolkommyn
wolkommowgh	wolkommowgh
wolkommons	wolkommons
wolkommir	wolkommer
imperfect	*imperfect*
wolkommen	wolkommen
wolkommes	wolkommes
wolkomma	wolkomma
wolkommen	wolkommen
wolkommewgh	wolkommewgh
wolkommens	wolkommens
wolkommys	wolkommys
preterite	**Imperative**
wolkommis	-
wolkommsys	wolkom
wolkommas	wolkommes
wolkommsyn	wolkommyn
wolkommsowgh	wolkommewgh
wolkommsons	wolkommens
wolkommas	-
pluperfect	
wolkommsen	
wolkommses	
wolkommsa	
wolkommsen	
wolkommsewgh	
wolkommsens	
wolkommsys	

Ygeri (*to open*)

present participle: owth ygeri			*past participle*: ygerys	
mutations -	-	-	-	-

Indicative	**Subjunctive**
present	*present*
ygorav	ygerriv
ygerydh	ygerri
yger	ygorro
ygeryn	ygerryn
ygerowgh	ygerrowgh
ygerons	ygorrons
ygerir	ygorrer
imperfect	*imperfect*
ygeryn	ygorren
ygerys	ygorres
ygeri	ygorra
ygeryn	ygorren
ygerewgh	ygorrewgh
ygerens	ygorrens
ygerys	ygerrys
preterite	**Imperative**
ygeris	-
ygersys	ygor
ygoras	ygeres
ygersyn	ygeryn
ygersowgh	ygerewgh
ygorsons	ygerens
ygoras	-
pluperfect	
ygorsen	
ygorses	
ygorsa	
ygorsen	
ygorsewgh	
ygorsens	
ygorsys	

Y'm beus (*to have*)

present participle: - *past participle*: -

mutations	-	-	-	-	-

Indicative		**Subjunctive**
present		*present*
y'm beus		y'm bo
y'th eus		y'fo
y'n jeves		y'n jeffo
y's teves		y's teffo
y'gan beus		y'gan bo
y'gas beus		y'gas bo
y's teves		y's teffo
imperfect	*habitual Imperfect*	*imperfect*
y'm bo	y'm bedha	y'm be
y'th o	y'fedha	y'fe
y'n jevo	y'n jevedha	y'n jeffa
y's tevo	y's tevedha	y's teffa
y'gan bo	y'gan bedha	y'gan be
y'gas bo	y'gas bedha	y'gas be
y's tevo	y's tevedha	y's teffa
preterite		**Imperative**
y'm beu		-
y'feu		-
y'n jeva		-
y's teva		-
y'gan beu		-
y'gas beu		-
y's teva		-
pluperfect	*future*	
y'm bia	y'm bydh	
y'fia	y'fydh	
y'n jevia	y'n jevydh	
y's tevia	y's tevydh	
y'gan bia	y'gan bydh	
y'gas bia	y'gas bydh	
y's tevia	y's tevydh	

Ynkleudhyas (*to bury*)

present participle: owth ynkleudhyas   *past participle*: ynkleudhys/ynkleudhyes

mutations - - - - -

Indicative

present
ynkleudhyav
ynkleudhydh
ynkleudh
ynkleudhyn
ynkleudhyowgh
ynkleudhyons
ynkleudhir

imperfect
ynkleudhyen
ynkleudhyes
ynkleudhya
ynkleudhyen
ynkleudhyewgh
ynkleudhyens
ynkleudhys

preterite
ynkleudhis
ynkleudhsys
ynkleudhyas
ynkleudhsyn
ynkleudhsowgh
ynkleudhsons
ynkleudhyas

pluperfect
ynkleudhsen
ynkleudhses
ynkleudhsa
ynkleudhsen
ynkleudhsewgh
ynkleudhsens
ynkleudhsys

Subjunctive

present
ynkleutthiv
ynkleutthi
ynkleutthyo
ynkleutthyn
ynkleutthyowgh
ynkleutthyons
ynkleutthyer

imperfect
ynkleutthyen
ynkleutthyes
ynkleutthya
ynkleutthyen
ynkleutthyewgh
ynkleutthyens
ynkleutthys

Imperative
-
ynkleudh
ynkleudhyes
ynkleudhyn
ynkleudhyewgh
ynkleudhyens
-

Yskynna (*to ascend)*

present participle: owth yskynna			*past participle*: yskynnys	
mutations -	-	-	-	-

Indicative	**Subjunctive**
present	*present*
yskynnav	yskynniv
yskynnydh	yskynni
yskyn	yskynno
yskynnyn	yskynnyn
yskynnowgh	yskynnowgh
yskynnons	yskynnons
yskynnir	yskynner
imperfect	*imperfect*
yskynnen	yskynnen
yskynnes	yskynnes
yskynna	yskynna
yskynnen	yskynnen
yskynnewgh	yskynnewgh
yskynnens	yskynnens
yskynnys	yskynnys
preterite	**Imperative**
yskynnis	-
yskynsys	yskyn
yskynnas	yskynnes
yskynsyn	yskynnyn
yskynsowgh	yskynnewgh
yskynsons	yskynnens
yskynnas	-
pluperfect	
yskynsen	
yskynses	
yskynsa	
yskynsen	
yskynsewgh	
yskynsens	
yskynsys	

diyskynna (*to descend*)

Ystyn (*to extend)*

present participle: owth ystyn		*past participle*: ystynnys		
mutations -	-	-	-	-

Indicative

present
ystynnav
ystynnydh
ystyn
ystynnyn
ystynnowgh
ystynnons
ystynnir

imperfect
ystynnen
ystynnes
ystynna
ystynnen
ystynnewgh
ystynnens
ystynnys

preterite
ystynnis
ystynsys
ystynnas
ystynsyn
ystynsowgh
ystynsons
ystynnas

pluperfect
ystynsen
ystynses
ystynsa
ystynsen
ystynsewgh
ystynsens
ystynsys

Subjunctive

present
ystynniv
ystynni
ystynno
ystynnyn
ystynnowgh
ystynnons
ystynner

imperfect
ystynnen
ystynnes
ystynna
ystynnen
ystynnewgh
ystynnens
ystynnys

Imperative

-
ystyn
ystynnes
ystynnyn
ystynnewgh
ystynnens
-

Notes for further study

The verbs listed here were taken from Verbow Kernewek (Ray Edwards), Skeul an Yeth (Wella Brown) *and* Holyewgh an Lergh (Graham Sandercock) *and have been amended in accordance with the Standard Written Form (SWF) Specification and the SWF dictionary as at February 2019.*
Compounds formed with prefixes are not listed, so for the conjugation of 'treusplansa' *see* 'plansa' *etc.*
Verbs with no entry in the 'conjugated as' column are conjugated in full in the tables.
The column headed 'subj' indicates the form of the subjunctive: adhvesi – adhvessiv, adhvessi *etc.* Bos, tyli *and* y'm beus *have asterisks in this column; for these it is necessary to refer to the main part of this book as the forms differ for the present and imperfect subjunctive.*
Defective verbs exist only in a few tenses and a few persons.
Verbal nouns may be used with the auxiliary verbs but see the paradigm of 'prenasa'.
The superscripts in the notes column indicate: 1 regular endings, 2 vowel affection, 3 added vowel, 4 omitted consonant e.g. 'klattra: tava ^{2}' *(there is vowel affection – kl**e**ttrydh) and* 'hwithra^{3}' *(a vowel is added – klatt**e**r). For further information refer to 'A Grammar of Modern Cornish' (GMC) by Wella Brown. In the notes below a reference such as GMC–185 refers to paragraph 185 in the above-mentioned grammar.*

Verbs that are conjugated like:
a) '**prena**','**afia**' *and* '**amaya**' *are entirely regular. The verbal noun suffix is* '–a' *in all such verbs (GMC–185, GMC–186).*
b) '**aswon**' *are regular but have a 3rd person preterite ending* '–is' *instead of* '–as' *(GMC–180/4).*
c) '**adhvesi**' *are regular but have singular and 1st person plural imperfect endings of* '–yn, –ys, –i, –yn' *instead of* '–en, –es, –a, –en' *(GMC–180/5).*
d) '**ponya**' *are regular. The verbal noun suffix is* '–ya' *and the* 'y' *of this suffix is retained in some parts of the verb (GMC–188). It is suggested that all* '–ya' *verbs which have been taken into the language from English are regular.*
e) '**berrhe**', *with a verbal noun ending* '–he', *have a regular pattern specific to such verbs (GMC–187).*
f) '**tava**', '**ygeri**' *and* '**erghi**' *have vowel changes in some parts of the verb (GMC–189, GMC–190, GMC–191).*
g) '**argya**' *have vowel changes like 'tava' and have retention of the* 'y' *of the* '–ya' *suffix in some parts of the verb like* 'ponya'.
h) '**gelwel**', '**gostla**', '**hwithra**' *and* '**restra**' *add a vowel to break up groups of consonants in some parts of the verb (GMC–193, GMC–194, GMC–195).*
i) '**lesta**' *omit a vowel to break up groups of consonants in some parts of the verb (GMC–196).*
j) '**gorthebi**' *and* '**perghenegi**' *have the final 'b' or 'g' of the stem changed to 'p' and 'k' respectively in the 3rd person singular indicative and 2nd person singular imperative (and, regularly, throughout the subjunctive).*

Verbal nouns that have three or more syllables and 'mm' or 'nn' before the verbal noun suffix have a final single 'm' or 'n' in the 3rd person singular present indicative and 2nd person singular imperative. For examples see 'wolkomma', 'kildenna' (under 'tenna') or 'aslamma' (under 'lamma').

When the Preterite personal endings '–sys', '–syn', '–sowgh', '–sons' and all the Pluperfect/Conditional personal endings (that is, all personal endings beginning 's') are added to verbs with a stem ending in '–ll', '–mm', '–nn', or '–rr' the otherwise resulting trigraphs '–lls', '–mms', '–nns' and '–rrs' are reduced to '–ls', '–ms', '–ns', and '–rs'.
*For example, 'my**nn**' + '–sa' is written 'my**ns**a'.*

	subj		*conjugated as*	*notes*
adhvesi	ss	*ripen*		
afia	fi	*affirm*		
afina	nn	*decorate*		
afydhya	tth	*assure*		
akontya	nt	*reckon*	ponya	
akordya	rt	*agree*		
akwytya	tt	*pay off*	ponya	
alhwedha	tth	*lock*		
alinya	nn	*align*	ponya	
amala	ll	*abut*	tava	
amanynna	nn	*butter*	lenna	
amaya	y	*dismay*		
ambosa	ss	*promise*		
amendya	nt	*put right*	ponya	
amma	mm	*kiss*		
ammetha	tth	*farm*	prena	
amontya	nt	*reckon*	ponya	
amyttya	tt	*admit*	ponya	
anedhi	tth	*inhabit*		
anella	ll	*breathe*		
ania	nni	*annoy*	afia	
ankenya	nn	*inflict grief*	ponya	
ankevi	ff	*forget*		
ankombra	pr	*embarrass*		
ankorya	rr	*anchor*	ponya	
ankresya	ss	*disturb*	ponya	
anwosi	ss	*catch cold*	adhvesi	
aperya	rr	*harm*	ponya	
apoyntya	nt	*appoint*	ponya	
apposya	ss	*examine*		
aras	rr	*plough*		
araya	y	*arrange*	amaya	
arethya	tth	*make a speech*		
argeles	ll	*sequester*	gweles	
argemynna	nn	*advertise*		
argha	rgh	*to load*	tava	
arghasa	ss	*to fund*	tava	
arghena	nn	*put on shoes*	prena	
argya	ky	*reason*		
arnewa	w	*damage by storm*	prena – but 3rd person singular only	
arva	rf	*arm*		
arvedh	tth	*affront*	prena	
arveth	tth	*employ*	prena	

arwodha	tth	*sign*	
asklosi	ss	*chip, splinter*	adhvesi
askusya	ss	*excuse*	ponya
aspia	pi	*observe*	afia
assaya	y	*try*	amaya
assentya	nt	*agree*	ponya
assoylya	ll	*absolve*	ponya
astel	ll	*discontinue*	prena
astiveri	rr	*compensate*	adhvesi
asver	rr	*restore*	prena
aswiwa	w	*adapt*	prena
aswon	nn	*be acquainted*	
attamya	mm	*broach*	argya
attendya	nt	*pay attention*	ponya
aventurya	rr	*speculate*	ponya
avisya	ss	*take note of*	ponya
avonsya	ns	*advance*	ponya
avowa	w	*acknowledge*	prena
aweni	nn	*inspire*	adhvesi
aweyla	ll	*evangelise*	prena
ayra	rr	*air*	prena
ayrella	ll	*ventilate*	anella
badhya	tth	*bathe*	argya
bagha	ggh	*trap*	tava
balegi	kk	*project, jut*	perghenegi
balya	ll	*beat*	argya
bannya	nn	*read banns*	brennya
bargesi	ss	*hover*	adhvesi
bargynnya	nn	*bargain*	ponya
barlenna	nn	*hold on the lap*	lenna
barna	rn	*adjudicate*	tava
barrhe	hah	*exalt*	berrhe
basa	ss	*stun*	tava
bashe	hah	*grow shallow*	berrhe
batalyas	ll	*fight*	argya
batha	tth	*coin*	tava
baya	y	*kiss*	amaya
bedha	tth	*dare*	
bedhygla	kkl	*bellow*	
beggya	kk	*beg*	ponya
beghya	ggh	*burden*	ponya
begi	kk	*bray*	adhvesi
benyga	kk	*bless*	
benyna		*womanise*	*verbal noun – see prenassa*

bera	rr	*flow*	prena
bernya	rn	*pile up*	ponya
berrhe	hah	*shorten*	
berrolya	ll	*shortlist*	ponya
berya	rr	*transfix*	ponya
besydhya	tth	*baptise*	ponya
beudhi	tth	*drown*	
bewa	w	*live*	
bewekhe	hah	*animate*	berrhe
blamya	mm	*blame*	argya
blasa	ss	*taste*	
bleudhya	tth	*weaken*	ponya
bleujyowa	w	*blossom*	prena
bleuthhe	hah	*tenderise*	berrhe
bleynya	nn	*sharpen*	ponya
bloghhe	hah	*make bald*	berrhe
bludhya	tth	*weaken*	ponya
bodhara	rr	*become deaf*	tava
bodharhe	hah	*deafen*	berrhe
boghosekhe	hah	*impoverish*	berrhe
bockla	kkl	*buckle*	
boksusi	ss	*cuff*	adhvesi
bolgha	lgh	*breach*	prena
bonkya	nk	*knock*	ponya
boosa	ss	*feed*	prena
bos	**	*be*	
bostya	st	*boast*	
botella	ll	*bottle*	anella
botha	tth	*emboss*	prena
botona	nn	*button*	prena
braga	kk	*brew*	tava
braggya	kk	*menace*	argya
brallya	ll	*dent*	argya
bramma	mm	*fart*	amma
brasa	ss	*plot*	tava
brashe	hah	*enlarge*	berrhe
bratha	tth	*bite*	tava
braysya	ss	*braise*	ponya
brennya	nn	*direct*	
breseli	ll	*make war*	adhvesi
breusi	ss	*judge*	
brewi	w	*break*	
breyna	nn	*rot*	prena
britha	tth	*dapple*	prena

brogha	ggh	*make a fuss*	prena
bronna	nn	*suckle*	lenna
brosa	ss	*sting*	
brosya	ss	*embroider*	ponya
broweghi	ggh	*terrorize*	adhvesi
browsi	s	*crumble*	adhvesi
broylya	ll	*broil*	ponya
bryjyon	cch	*boil*	
bryvya	ff	*bleat*	ponya
bugelya	ll	*guard animals*	ponya
byghanhe	hah	*reduce*	berrhe
byrla	rl	*embrace*	
bysya	ss	*finger*	ponya
bywhe	w	*activate*	berrhe
chalenjya	nch	*challenge*	ponya
chanjya	nch	*change*	argya
charjya	rch	*charge*	argya
chassya	ss	*chase*	argya
chastia	st	*chastise*	afia
chaynya	nn	*chain*	ponya
checkya	ck	*check*	ponya
chersya	rs	*caress*	
cherya	rr	*cheer*	ponya
chevisya	ss	*borrow*	
chonsya	ns	*chance*	ponya
dadhla	tth	*argue*	
dagrewi	w	*weep*	
dalghenna	nn	*seize*	
dalla	ll	*blind*	
dalleth	tth	*begin*	
dallhe	hah	*dazzle*	berrhe
dampnya	pn	*condemn*	
danvon	nn	*send*	
darbari	rr	*prepare*	
dargana	nn	*predict*	
daromres	ss	*frequent*	
darvos		*happen*	*defective*
darweri	rr	*forewarn*	ygeri
dasa	ss	*stack*	tava
dasknias	ni	*ruminate*	afia
dasserghi	rgh	*rise again*	
debatya	tt	*dispute*	argya
debreni	nn	*itch*	
dedhewi	w	*promise*	erghi

dedhwi	tth	*lay eggs*	
dedhya	tth	*date*	ponya
defendya	nt	*erase*	ponya
defia	fi	*defy*	afia
defolya	ll	*violate*	
degea	e	*close*	
degevi	ff	*pay tithes*	adhvesi
deghesi	ss	*fling*	adhvesi
degoodh	tth	*be due, fitting*	
degynsywa	w	*threaten*	
dehenna	nn	*make cream*	lenna
dehweles	ll	*return*	
deklinya	ny	*decline, stoop*	ponya
delatya	tt	*postpone*	argya
deledhi		*it is proper*	
delinya	nn	*draw*	
delivra	ffr	*deliver*	
delya	ll	*put forth leaves*	ponya
delyowa	w	*collect leaves*	prena
demedhi	tth	*marry*	
dena	nn	*suck*	prena
dendyl	ll	*earn*	
densel	ns	*gnaw*	
deraylya	ll	*brawl*	ponya
derivas	ff	*report*	
dervyn	nn	*deserve*	
desedha	tth	*fit*	prena
desevos	ff	*suppose*	prena
desinya	nn	*design*	ponya
desirya	rr	*desire*	ponya
deskerni	rn	*snarl*	ygeri
despitya	tt	*insult*	ponya
desta	st	*testify*	
destna	stn	*destine*	
destryppya	pp	*strip*	ponya
deur		*concern*	*defective*
devera	rr	*drip*	prena
devessa		*chase sheep*	*verbal noun – see prenassa*
devisya	ss	*devise*	ponya
devnydhya	tth	*use*	ponya
devorya	rr	*devour*	ponya
devynna	nn	*quote*	lenna
dewana	nn	*penetrate*	tava
dewi	w	*burn*	adhvesi

dewis	ss	*choose*	
dewraga	kk	*gush*	
dewynnya	nny	*radiate*	
diala	ll	*avenge*	tava
diank	nk	*escape*	
diaskorna	rn	*bone*	
dibenna	nn	*behead*	lenna
diberth	rth	*(de)part*	
dibra	ppr	*saddle*	hwithra
didhana	nn	*entertain*	
didheuri		*interest, concern*	*defective*
dielvenna	nn	*analyset*	lenna
dierbynna	nn	*meet*	lenna
difen	nn	*forbid*	
difeythya	thy	*lay waste*	ponya
difres	ss	*protect*	
difudhi	tth	*put out*	
difuna	nn	*wake up*	
difygya	kk	*fail*	
digevelsi	ls	*disjoint*	
digodenna	nn	*decode*	lenna
digoswiga	kk	*deforest*	kastiga
digrafella	ll	*declutch*	anella
digresenni	nn	*devolve*	faglenni
dihares	ss	*apologise*	tava
dihensya	sy	*deviate*	ponya
dilea	e	*remove*	prena
dilestra	str	*disembark*	
dillasa	ss	*clothe*	
dilughya	ggh	*demist*	ponya
dinewi	w	*pour*	
dinythi	tth	*give birth*	
diogeli	ll	*secure*	adhvesi
direythya	thy	*degrade*	ponya
diruska	sk	*peel*	lesta
discernya	rn	*discern*	ponya
diskevelsi	ls	*disjoint*	ygeri
disklerya	ry	*declare*	ponya
disklosya	sy	*disclose*	ponya
diskolya	ll	*decarbonise*	ponya
diskontya	nt	*discount*	ponya
diskwedhes	tth	*show*	
dismygi	kk	*guess*	
displetya	tt	*display*	ponya

displewyas	ss	*spread out*	ponya
dispresya	ss	*despise*	ponya
disputya	tt	*argue*	ponya
dissentya	nt	*dissent*	ponya
distrui	tru	*destroy*	
disya	ss	*dice (meat)*	ponya
divarva	rv	*shave*	tava
diveri	rr	*pour*	adhvesi
divershe	hah	*diversify*	berrhe
divroa	oy	*exile*	
divyn	nn	*chop*	prena
diwedha	tth	*finish*	
diwernya	rny	*dismast*	ponya
diwessa	ss	*go drinking*	*verbal noun – see prenassa*
diwrosa	ss	*cycle*	prena
diwrosya	ss	*take cycle tour*	ponya
dofhe	hah	*tame*	berrhe
dolos	ll	*pretend*	prena
domhwel	ll	*overthrow*	
don	kk	*carry*	
donsya	ns	*dance*	ponya
dorna	rn	*thrash*	prena
dos	ff	*come*	
dosya	ss	*dose*	ponya
dotya	tt	*dote*	ponya
doutya	tt	*doubt*	ponya
dova	ff	*tame*	prena
downhe	hah	*deepen*	berrhe
dowra	rr	*water*	prena
dowrhe	hah	*irrigate*	berrhe
dralya	ll	*break into bits*	argya
dramasekhe	hah	*dramatize*	berrhe
draylya	ll	*drag*	ponya
dregynna	nn	*harm, wrong*	lenna
drehedhes	tth	*reach*	
drehevel	ff	*lift up*	
dri	ll	*bring*	
droga	kk	*wrong*	tava
droppya	pp	*drop*	ponya
drushya	ssh	*thresh*	ponya
duhe	hah	*blacken*	berrhe
durya	rr	*endure*	ponya
dustunia	ni	*testify*	afia
duwena	nn	*grieve*	prena

duwenhe	hah	*grieve*	berrhe
dybri	ppr	*eat*	
dyegri	kr	*dazzle, shock*	legri
dyena	nn	*pant*	prena
dyffra	ffr	*differ*	restra
dyffransegi	kk	*differentiate*	perghenegi
dyffreythya	thy	*defract*	ponya
dyghtya	ght	*prepare*	
dyllo	ll	*publish*	
dynerghi	rgh	*welcome*	
dynya	nn	*entice*	
dyski	sk	*teach*	
dythya	thy	*recite*	ponya
ebilya	ly	*bolt*	ponya
ebostya	st	*email*	ponya
efani	nn	*expand*	adhvesi
effeythi	th	*effect*	adhvesi
egina	nn	*germinate*	prena
ehwias	wi	*ride on horseback*	afia
elia	li	*annoint*	afia
emskemuna	nn	*curse*	prena
enebi	pp	*oppose*	
enora	rr	*honour*	prena
enowi	w	*light up*	adhvesi
entra	tr	*enter*	
erbysi	ss	*economise*	adhvesi
erghi	rgh	*order*	
ergila	ll	*recoil*	prena
erita	tt	*inherit*	prena
errya	rr	*err*	gwerrya
erthylya	ll	*abort*	ponya
ervira	rr	*decide*	
erya	rr	*defy*	ponya
esedha	tth	*sit*	
eskeulya	ly	*escalate*	ponya
esya	ss	*ease*	ponya
ethenna	nn	*evaporate*	lenna
etholi	ll	*elect*	adhvesi
euthega	kk	*terrify*	kastiga
eva	ff	*drink*	
evredhi	tth	*cripple*	adhvesi
ewna	nn	*correct*	prena
ewnhe	hah	*repair*	berrhe
ewoni	nn	*froth*	adhvesi

eylya	ly	*second*	ponya
fagla	kkl	*(in)flame*	
faglenni	nn	*torch*	
falsa	ls	*scythe*	tava
falshe	hah	*falsify*	berrhe
famya	mm	*famish*	argya
fangla	nk	*contrive*	restra
fara	rr	*behave*	
fardella	ll	*package*	anella
farya	r	*behave*	ponya
fastya	st	*tighten*	
fasya	ss	*pretend*	argya
favera	rr	*favour*	prena
fekla	kkl	*flatter*	
felghya	lgh	*mow*	argya
fenna	nn	*overflow*	
fernewi	w	*become angry*	adhvesi
fesya	ss	*drive away*	ponya
fetha	tth	*defeat*	
fia	i	*flee*	
figura	rr	*figure*	prena
finwetha	tth	*limit*	prena
fistena	nn	*hasten*	
flammya	mm	*flame*	
flappya	ppy	*flap*	ponya
flattra	ttr	*beguile*	tava[2], restra[3], lesta[4]
flerya	rr	*stink*	ponya
flowsa	ws	*waffle*	prena
flyckya	ck	*flick*	ponya
fogella	ll	*focus*	anella
fogya	kk	*stoke*	ponya
folenna	nn	*paginate*	lenna
folsa	ls	*split*	prena
fondya	nt	*establish*	ponya
forlya	rl	*whirl, whisk*	ponya
formya	rm	*shape*	ponya
fornya	rn	*bake*	ponya
fortunya	nn	*chance*	ponya
framya	mm	*frame*	ponya
frappya	pp	*knock*	argya
frega	kk	*tear up*	prena
freudha	tth	*fray out*	prena
freudhi	tth	*brawl*	beudhi
fria	i	*fry*	afia

fronna	nn	*brake*	
frosa	ss	*gush*	prena
frowsya	ws	*defraud*	ponya
fugya	kk	*fake*	ponya
furhe	hah	*make wise*	berrhe
furvasa	ss	*format*	prena
furvya	rv	*form*	ponya
fusta	st	*thrash/thresh*	
fydhya	tth	*trust*	ponya
fyllel	ll	*fail*	
fyllya	ll	*fiddle*	skollya
fylmya	lm	*film*	ponya
fyngla	nk	*use crook (eels)*	restra
fyski	sk	*hasten*	adhvesi[1], lesta[4]
fysla	sl	*fidget*	restra
fyttya	tt	*make ready*	ponya
galari	rr	*grieve*	adhvesi
gallos	ll	*be able*	
garma	rm	*shout*	
gasa	ss	*leave*	
gava	ff	*forgive*	
gelwel	lw	*call*	
genna	nn	*chisel*	lenna
gerya	rr	*be verbose*	ponya
gesya	ss	*mock*	ponya
gevella	ll	*twin*	anella
gevelya	ll	*torture (pincers)*	ponya
gidya	tt	*guide*	ponya
glanhe	hah	*clean*	berrhe
glasa	ss	*become green*	tava
glaveri	rr	*slobber*	ygeri
glena	nn	*stick*	prena
glosa	ss	*hurt, smart*	prena
glusa	ss	*glue*	prena
gluwhe	hah	*intensify*	berrhe
glybya	pp	*wet*	ponya
glyttra	ttr	*glitter*	restra
gockia	ck	*behave foolishly*	afia
gockihe	hah	*make silly*	berrhe
godhav	ff	*suffer*	
godhesa	ss	*deposit (geog)*	prena
godhvos	dhv	*know*	
godra	ttr	*milk*	hwithra
godros	ss	*threaten*	prena

godrotha	tth	*curdle*	prena	
goheles	ll	*avoid*	gweles	
golghi	lgh	*wash*		
golia	li	*wound*		
golowi	w	*illuminate*	adhvesi	
golusegi	kk	*enrich*	adhvesi	
golya	ll	*sail*		
golyas	ll	*keep watch*	ponya	
gonedha	tth	*cultivate*		
gonis	ss	*work*		gonisav etc
gordhya	rth	*worship*	ponya	
gorfenna	nn	*finish*		
gorhana	nn	*enchant*	tava	
gorhemynna	nn	*command*		
gorheri	rr	*cover*	adhvesi	
gori	rr	*fester*	adhvesi	
gormel	ll	*praise*		
gorra	rr	*put*		
gorthebi	pp	*answer*		
gortos	rt	*await*		
gorwedha	tth	*lie down*	prena	
gosa	ss	*bleed*	prena	
goskeusi	ss	*shelter*	beudhi	
goslowes	w	*listen*		
gosseni	nn	*rust*	adhvesi	
gostla	stl	*pledge, wage*		
govelya	ll	*forge*	ponya	
governa	rn	*rule*	prena	
govyn	nn	*ask*		
gowlia	li	*swear falsely*	afia	
grabalyas	ll	*grapple*	ponya	
gradhya	tth	*graduate*	ponya	
graffya	ff	*graft*	ponya	
graghella	ll	*heap*	anella	
grassa	ss	*thank*	tava	
gravya	ff	*carve*	argya	
grega	kk	*cackle*	prena	
grevya	ff	*grieve*	ponya	
grommya	mm	*growl*	flammya	
grondya	nt	*lay foundations*	ponya	
grontya	nt	*grant*	ponya	
growedha	tth	*lie down*	prena	
grugysa	ss	*gird*	prena	
gryllya	ll	*chirp*	skollya	

grysla	ssl	*snarl*	hwithra
gul	ll	*do, make*	
guwa	w	*spear*	prena
gwakhe	hah	*evacuate*	berrhe
gwalgha	lgh	*satiate*	tava
gwana	nn	*pierce*	
gwandra	ntr	*wander*	tava[2], restra[3]
gwanna	nn	*weaken*	lenna
gwannhe	hah	*weaken*	berrhe
gwari	ri	*play*	
gwarnya	rn	*warn*	argya
gwarthevya	ff	*dominate*	ponya
gwaska	sk	*press*	
gwastya	st	*lay waste*	ponya[1], lesta[4]
gwavi	ff	*winter*	adhvesi
gwaya	y	*move*	amaya
gwaynya	nn	*gain*	ponya
gwaytyas	tt	*take care*	ponya
gwedhra	tth	*wither*	hwithra
gwedra	ttr	*glaze*	hwithra
gweles	ll	*see*	
gwelivesi	ss	*go into labour*	adhvesi
gwellhe	hah	*improve*	berrhe
gweres	ss	*help*	
gwernisya	ss	*varnish*	ponya
gwerrya	rr	*make war*	
gwersya	ss	*versify*	ponya
gwertha	rth	*sell*	
gweskel	sk	*beat*	
gwethhe	hah	*worsen*	berrhe
gwevya	ff	*wave*	ponya
gweytha	tth	*work*	prena
gweythresa	ss	*activate*	prena
gwia	wi	*weave*	afia
gwibessa	ss	*waste time*	verbal noun – see prenassa
gwirhe	hah	*verify*	berrhe
gwiska	sk	*dress*	
gwitha	tth	*keep*	
gwlyghi	ggh	*soak*	adhvesi
gwreydhya	tth	*take root*	ponya
gwrias	ri	*sew*	
gwrynya	nn	*hug*	ponya
gwyngalghya	ggh	*whitewash*	ponya
gwynkya	nk	*wink*	ponya

gwynnel	nn	*wriggle*	
gwynnhe	hah	*whiten*	berrhe
gwynsa	ns	*winnow*	prena
gwynsella	ll	*fan*	anella
gyki	kk	*peep*	adhvesi
habadollya	ll	*row, racket*	skolya
hackya	ck	*hack*	ponya
halya	ll	*haul*	argya
hanasa	ss	*murmur*	tava
handla	ntl	*handle*	
happya	pp	*happen*	ponya
hartha	rth	*bark*	tava
hasa	ss	*sow seed*	tava
hastya	st	*hasten*	ponya
havi	ff	*spend summer*	erghi
haylya	ll	*hail, greet*	ponya
hebaskhe	hah	*soothe*	berrhe
hedhes	tth	*reach*	
hedhi	tth	*stop*	
helerghi	rgh	*track*	adhvesi
helghi	lgh	*hunt*	adhvesi
helghya	lgh	*chase*	
hembronk	nk	*lead*	
henwel	nw	*name*	
herdhya	th	*push*	ponya
hernessya	ss	*harness*	ponya
hernya	nn	*shoe a horse*	ponya
herya	rr	*inherit*	ponya
heskenna	nn	*saw*	lenna
heski	sk	*lose milk*	adhvesi[1], lesta[4]
hesya	ss	*swarm*	ponya
heudhi	tth	*be glad*	beudhi
heuthhe	hah	*make happy*	berrhe
hevelebi	ypp	*compare*	
heveli	ll	*seem*	
hickas	ck	*hiccup*	prena
higenna	nn	*hook*	lenna
hirhe	hah	*lengthen*	berrhe
hirviga	kk	*procrastinate*	prena
hockya	ck	*hesitate*	ponya
hodya	tt	*injure*	ponya
holya	ll	*follow*	ponya
hornella	ll	*iron*	anella
hosi	ss	*speak hoarsely*	adhvesi

hunrosa	ss	*dream*	prena
hunya	nn	*sleep*	ponya
hurlya	rl	*play hurling*	ponya
husa	ss	*charm*	prena
hwaffa	ff	*punch*	prena
hwansa	ns	*desire*	tava
hwarhe	hah	*civilise*	berrhe
hwarvos	rv	*happen*	
hwedhi	tth	*swell*	adhvesi
hwedhla	tth	*tell tales*	
hwegrewi	w	*ice a cake*	adhvesi
hwekhe	hah	*sweeten*	berrhe
hwerthin	rth	*laugh*	
hwesa	ss	*sweat*	prena
hwettya	tt	*whack, slap*	ponya
hwibana	nn	*whistle*	
hwilas	ll	*look for*	
hwilessa		*catch beetles*	*verbal noun – see prenassa*
hwithra	tthr	*examine*	
hwyja	cch	*vomit*	prena
hwyppya	pp	*whip*	ponya
hwyrni	rn	*hum*	adhvesi
hwystra	str	*whisper*	
hwytha	tth	*blow*	prena
hwythfi	thf	*swell, bubble*	adhvesi
hyga	kk	*cheat*	prena
iselhe	hah	*lower*	berrhe
isstanchya	rr	*underseal*	ponya
jella	ll	*gel*	anella
jestya	st	*jest*	ponya
joustya	st	*joust*	ponya
junya	nn	*join*	ponya
kabla	ppl	*blame*	
kaboli	ll	*splash*	adhvesi
kachya	cch	*catch*	
kaderya	rr	*take the chair*	ponya
kadona	nn	*chain*	prena
kagla	kkl	*void excrement*	ladra
kaleshe	hah	*harden*	berrhe
kalghhe	hah	*calcify*	berrhe
kalkya	lk	*calculate*	argya
kamma	mm	*bend*	lamma
kampolla	ll	*mention*	
kampya	mp	*camp*	argya

kana	nn	*sing*	
kanmel	ll	*laud*	prena
kanna	nn	*bleach*	splanna
kara	rr	*love*	
karga	rk	*load*	tava
karghara	rr	*shackle*	tava
karolli	ll	*dance to singing*	adhvesi
kartha	rth	*scour*	tava
karya	rr	*transport*	argya
kasa	ss	*hate*	
kastiga	kk	*flog*	
kastya	st	*trick*	ponya
kavanskeusa	ss	*evade*	prena
kavasa	ss	*can*	tava
kavos	ff	*find*	
kawgha	ggh	*void excrement*	prena
kawsya	ws	*cause*	ponya
keas	e	*hedge*	
kedhla	tth	*inform*	prena
kedrynna	nn	*quarrel*	lenna
kegina	nn	*cook*	prena
keles	ll	*hide*	gweles
kelli	ll	*lose*	
kelmi	lm	*bind*	
kemeres	rr	*take*	
kempenna	nn	*tidy*	lenna
kemynna	nn	*bequeath*	
kemyska	sk	*mix*	
kena	nn	*light*	prena
kenedhlegi	kk	*nationalize*	perghenegi
kenertha	rth	*encourage*	prena
kenkia	ki	*contend*	afia
kenna	nn	*coat with film*	lenna
kentra	ntr	*nail*	restra
kentreni	nn	*become maggoty*	ygeri
kentreva	ff	*stay, abide*	prena
kentrewi	w	*nail*	erghi
kentriga	kk	*tack (nail)*	kastiga
kentrynna	nn	*spur*	lenna
kera	rr	*fortify*	prena
kerdhes	rth	*walk*	
keredhi	tth	*rebuke*	adhvesi
kerghes	rgh	*fetch*	
kerghynna	nn	*surround*	lenna

kernewekhe	hah	*turn into Cornish*	berrhe
kernya	nn	*hoot*	ponya
kertya	tt	*cart*	ponya
kervya	rf	*carve*	ponya
kerya	rr	*make shoes*	ponya
keski	sk	*admonish*	ygeri[2], lesta[4]
kessydhya	tth	*punish*	ponya
kesya	ss	*unite*	ponya
kettermynyegi	kk	*synchronise*	perghenegi
keudhesikhe	hah	*cause to repent*	berrhe
keudhi	tth	*grieve*	beudhi
keunyssa		*gather firewood*	*verbal noun – see prenassa*
kevelekka		*shoot woodcock*	*verbal noun – see prenassa*
kevelsi	ls	*articulate*	adhvesi
kevenna	nn	*remember*	lenna
kevernya	rn	*compile*	ponya
kevewya	w	*hold a party*	ponya
keveylya	yl	*accompany*	ponya
kevrenna	nn	*share*	lenna
kewara	rr	*correct*	prena
kewera	rr	*fulfil*	prena
kewnia	i	*grow mossy*	ponya
keworra	rr	*add*	gorra
kewsel	ss	*speak*	
kibya	pp	*snatch*	ponya
kiga	kk	*grow flesh*	prena
kila	ll	*recede*	prena
kinyewel	w	*dine*	erghi
kisya	ss	*destroy*	ponya
klamdera	rr	*faint*	prena
klappya	pp	*chatter*	ponya
klassa	ss	*classify*	prena
klattra	ttr	*talk noisily*	tava[2], hwithra[3]
kledhya	tth	*wield a sword*	ponya
kleghi	kk	*ordain*	adhvesi
klerhe	hah	*clear*	berrhe
klerya	rr	*brighten*	ponya
kleudhya	tth	*dig a trench*	ponya
klevesi	ss	*infect*	adhvesi
klewes	wv	*hear*	
klofi	ff	*go lame*	adhvesi
kloppya	pp	*limp*	ponya
klosya	ss	*harrow*	ponya
kloutya	tt	*patch*	ponya

klusya	ss	*roost*	ponya
klyckya	ck	*click*	ponya
klyjya	cch	*stick*	ponya
klysa	ss	*make snug*	prena
knias	ni	*gnaw*	afia
knoukya	kk	*knock*	ponya
knowa	w	*gather nuts*	prena
knyvyas	ff	*shear*	ponya
kochya	cch	*coach*	ponya
kodh		*behove*	
kodha	tth	*fall*	prena
kofhe	hah	*remember*	berrhe
kogrenni	nn	*meander*	lenni
kola	ll	*trust*	prena
kolonna	nn	*hearten*	lenna
kolorya	rr	*colour*	ponya
komendya	nt	*recommend*	
kompella	ll	*compel*	anella
komplekhe	hah	*complicate*	berrhe
komposa	ss	*make even*	prena
komunya	nn	*take Sacrament*	ponya
kona	nn	*take late dinner*	prena
koncevya	ff	*conceive*	ponya
koneri	rr	*rage*	adhvesi
konfessya	ss	*confess*	ponya
konfortya	rt	*comfort*	ponya
koninessa		*hunt rabbits*	*verbal noun – see prenassa*
konstrina	nn	*constrain*	prena
konsya	ns	*pave*	ponya
kontradia	di	*contradict*	afia
kontrolya	ll	*control*	ponya
konvedhes	tth	*understand*	
kopia	pi	*copy*	afia
kopla	ppl	*couple*	hwithra
kora	rr	*wax*	prena
korkynna	nn	*cork*	lenna
kornella	ll	*corner*	anella
kornya	nn	*butt*	ponya
kosa	ss	*itch*	prena
koselhe	hah	*quieten*	berrhe
koska	sk	*sleep*	
kostenna	nn	*target*	lenna
kostya	st	*cost*	ponya
kothhe	hah	*grow old*	berrhe

kotthe	hah	*shorten*	berrhe
kovadha	tth	*record*	prena
kovaytya	tt	*covet*	ponya
kovia	vi	*cherish*	afia
kowa	w	*hollow*	prena
kowella	ll	*cage*	anella
kowesi	ss	*shower*	erghi
kowethya	tth	*keep company*	ponya
kowla	ll	*curdle*	prena
krackya	ck	*crack*	ponya
krafa	ff	*grasp*	tava
krambla	mpl	*climb*	prena
krampotha		*beg for pancakes*	*verbal noun – see prenassa*
kramya	mm	*creep*	argya
krasa	ss	*toast*	tava
kravas	ff	*scratch*	tava
kravellas	ll	*hoe*	anella
krefhe	hah	*strengthen*	berrhe
kregi	kk	*hang*	
krena	nn	*shake*	prena
kressya	ss	*increase*	ponya
kreuni	nn	*accumulate*	krysi
kreupya	pp	*creep*	ponya
krevya	ff	*strengthen*	ponya
kreythya	tth	*scar*	ponya
kria	ri	*cry*	afia
kriba	pp	*split fragments*	prena
kribas	pp	*comb*	prena
kribella	ll	*make a tassel*	anella
kribya	pp	*card wool*	ponya
krina	nn	*become dry*	prena
kristonhe	hah	*christen*	berrhe
kristoni	nn	*christen*	adhvesi
krodhvolas	ll	*complain*	
krodra	ttr	*sift*	hwithra
kroghena	nn	*skin*	prena
kromma	mm	*bend*	
kronkya	nk	*beat*	ponya
kronogas	kk	*hop like a toad*	kastiga
kropya	pp	*penetrate*	ponya
krowdra	ttr	*loiter*	hwithra
krowsya	ss	*crucify*	ponya
krugya	kk	*put in a heap*	ponya
krullya	ll	*curl*	skollya

krygha	ggh	*wrinkle*	prena
kryghias	ss	*neigh*	prena
kryghylli	ll	*jolt*	
krykanas	ss	*cluck*	prena
krysi	ss	*believe*	
krysya	ss	*quiver*	ponya
kudha	tth	*hide*	
kuhudha	tth	*accuse*	prena
kui	u	*foal*	adhvesi
kuntel	ll	*gather*	
kuruna	nn	*crown*	prena
kurya	rr	*cure*	ponya
kussulya	ll	*advise*	ponya
kwackya	ck	*quack*	ponya
kwartrona	nn	*cut into quarters*	prena
kwetha	tth	*clothe*	prena
kwoffi	ff	*overeat*	adhvesi
kwytya	tt	*quit*	ponya
kyfeythya	tth	*preserve*	ponya
kyfya	ff	*confide in*	ponya
kyjyves	ss	*be on heat*	adhvesi
kylghya	ggh	*encircle*	ponya
kyni	nn	*lament*	adhvesi
kynnik	kk	*offer*	prena
kynnyas	ss	*harvest*	prena
labedha	tth	*throw stones*	prena
ladha	tth	*kill*	
ladra	ttr	*steal*	
lagatta	tt	*stare*	tava
lagenna	nn	*splash*	lenna
lagya	kk	*splash*	argya
lamma	mm	*leap*	
lappya	pp	*leap*	argya
lapya	pp	*lick*	ponya
lashya	ssh	*lash*	ponya
lasya	ss	*lace*	ponya
lathya	tth	*latch*	ponya
lavasos	ss	*venture*	
lavurya	rr	*travel*	ponya
lawa	w	*praise*	tava
lea	a	*site*	afia
ledra	ttr	*slope*	hwithra
ledya	tt	*lead*	ponya
legessa		*catch mice*	*verbal noun – see prenassa*

legri	kkr	*corrupt*	mygli
lehe	hah	*lessen*	berrhe
lemmel	mm	*jump*	
lenki	nk	*swallow*	
lenna	nn	*read aloud*	
lenni	nn	*veil*	faglenni
lentri	ttr	*shine*	adhvesi
lenwel	nw	*fill*	
lesa	ss	*spread*	prena
leshya	ssh	*leash/license*	ponya
leska	sk	*swing*	lesta
leskella	ll	*fluctuate*	anella
leski	sk	*burn*	
lesta	st	*prevent*	
lettya	tt	*prevent*	
leunhe	hah	*fill*	berrhe
leva	ff	*cry out*	prena
levena	nn	*smooth*	prena
levenhe	hah	*smooth*	berrhe
leverel	rr	*say*	
levna	ffn	*level*	hwithra
lewsel	ll	*relax*	kewsel
lewya	w	*drive*	ponya
leytha	tth	*humidify*	prena
lia	i	*take an oath*	afia
lieshe	hah	*multiply*	berrhe
linenna	nn	*outline*	lenna
liva	ff	*flood*	prena
livra	ff	*liberate*	hwithra
livya	ff	*lunch*	ponya
liwa	w	*colour*	prena
lommhe	hah	*strip bare*	berrhe
lonchya	nch	*launch*	ponya
lonsya	ss	*lance*	ponya
lostya	st	*queue*	ponya[1], lesta[4]
louba	pp	*lubricate*	prena
lowartha	rth	*garden*	prena
lowenhe	hah	*rejoice*	berrhe
lownya	nn	*slice*	ponya
lowsya	ss	*untie*	ponya
lughesi	ss	*flash*	
lyfansas	ns	*hop like a toad*	tava
lymma	mm	*sharpen*	kromma
lymna	mn	*paint*	hwithra

lystenna	nn	*bandage*	lenna
lytherenna	nn	*spell*	lenna
maga	kk	*feed*	
maglenna	nn	*trap*	lenna
mala	ll	*grind*	tava
manala	ll	*stack in sheaves*	tava
mannhe	hah	*nullify*	berrhe
manylya	ll	*detail*	ponya
marghasa	ss	*market*	tava
marghogeth	kk	*ride a horse*	
maylya	ll	*wrap*	ponya
mebla	ppl	*furnish*	prena
medhelhe	hah	*soften*	berrhe
medhes		*speak*	
medhwi	tth	*intoxicate*	dedhwi
medra	ttr	*aim*	hwithra
megi	kk	*smoke*	
mela		*gather honey*	*verbal noun – see prenassa*
melhwessa		*catch snails*	*verbal noun – see prenassa*
mellya	ll	*interfere*	skollya
melyas	ll	*grind*	ponya
melynhe	hah	*make yellow*	berrhe
melyshe	hah	*sweeten*	berrhe
meneges	kk	*mention*	
menhe	hah	*petrify*	berrhe
mentena	nn	*maintain*	prena
menystra	str	*serve*	restra
mera	rr	*snivel*	prena
merkya	rk	*mark*	ponya
mertherya	rr	*martyr*	ponya
merwel	rw	*die*	
mesa		*gather acorns*	*verbal noun – see prenassa*
meschyvya	ff	*injure*	ponya
methya	tth	*feed*	ponya
metregi	kk	*metricate*	perghenegi
metya	tt	*meet*	ponya
meurhe	hah	*make great*	berrhe
meusya	ss	*thumb a lift*	ponya
mewghya	ggh	*stand bail*	ponya
meylessa		*catch mullet*	*verbal noun – see prenassa*
meythrin	tth	*nurse*	hwithra
miliga	kk	*curse*	kastiga
mimya	mm	*mime*	ponya
minya	nn	*muzzle*	ponya

miowal	ll	*mew*	tava
mires	rr	*look*	
moga	kk	*choke*	tava
moghhe	hah	*magnify*	berrhe
mola	ll	*clot*	prena
moldra	ltr	*murder*	restra
molhe	hah	*become bald*	berrhe
mollethi	tth	*curse*	
monhe	hah	*slim*	berrhe
mora	rr	*put to sea*	prena
mortholya	ll	*hammer*	ponya
mos	ll	*go*	
mosegi	kk	*stink*	perghenegi
mostya	st	*dirty*	ponya[1], lesta[4]
moutya	tt	*sulk*	ponya
movya	ff	*move*	
muskegi	kk	*rave*	erghi, perghenegi
musura	rr	*measure*	prena
mygla	kk	*cool off*	
myji	cch	*reap*	adhvesi
mynchya	nch	*play truant*	ponya
mynnes	nn	*want*	
mynshe	hah	*quantify*	berrhe
myska	sk	*blend*	prena[1], lesta[4]
nadha	tth	*chop*	prena
nagha	ggh	*refuse*	
namma	mm	*blemish*	kromma
nappya	pp	*nap*	ponya
naska	sk	*yoke*	tava
nedha	tth	*spin*	prena
negethi	tth	*negate*	adhvesi
negysyas	ss	*negotiate*	prena
nertha	rth	*strengthen*	prena
nesa	ss	*approach*	prena
neshe	hah	*draw near*	berrhe
neusa	ss	*fray out*	prena
neusenna	nn	*thread*	lenna
neuvya	ff	*swim*	ponya
neyja	cch	*fly*	
neythi	tth	*nest*	adhvesi
nivera	rr	*count*	prena
nosya	ss	*notate*	ponya
notha	tth	*winnow*	prena
notya	tth	*make known*	ponya

nowythhe	hah	*renovate*	berrhe
obaya	y	*obey*	amaya
oberi	rr	*work*	adhvesi
oferenni	nn	*celebrate mass*	faglenni
offendya	nt	*offend*	ponya
offra	ffr	*offer*	hwithra
ofrynna	nn	*sacrifice*	prena
ola	ll	*weep*	
olewi	w	*smear*	adhvesi
omdhal	ll	*quarrel*	tava
omdhivasa	ss	*orphan*	prena
omhweles	ll	*fall*	
omladh	tth	*fight*	
omladha	tth	*commit suicide*	tava
omvodhya	tth	*indulge*	ponya
omwen	nn	*wriggle*	prena
omwetha	tth	*pine away*	prena
ordena	nn	*arrange*	prena
ostya	st	*lodge*	ponya[1], lesta[4]
oulya	ll	*howl*	ponya
outya	tt	*hoot, jeer*	ponya
ownekhe	hah	*frighten*	berrhe
owra	rr	*gild*	prena
padera	rr	*repeat prayers*	prena
palas	ll	*dig*	
palshe	hah	*abound*	berrhe
palsya	ls	*paralyse*	argya
palva	lf	*stroke*	tava
palvala	ll	*grope*	tava
pareusi	ss	*prepare*	beudhi
pargh		*endure*	*Verbal noun – see prenassa*
parkya	rk	*park*	argya
parsella	ll	*cast (a play)*	anella
parya	rr	*pair*	argya
pasa	ss	*cough*	tava
passya	ss	*pass*	ponya
patrolya	ll	*patrol*	ponya
pawa	w	*paw*	tava
payntya	nt	*paint*	ponya
paynya	nn	*torture*	ponya
pe	e	*pay*	
pechya	cch	*pierce*	ponya
pedrevanas	nn	*creep on all fours*	
pedri	ttr	*rot*	ygeri

pegha	ggh	*sin*	prena
pelenni	nn	*roll into a ball*	faglenni
pellhe	hah	*send far away*	berrhe
penys	ss	*do penance*	prena
perghenegi	kk	*claim*	
perghenna	nn	*own*	lenna
perthi	rth	*bear*	
peryllya	ll	*be endangered*	skollya
peski	sk	*graze*	ygeri
pesya	ss	*continue*	
peuri	rr	*graze*	beudhi
piba	pp	*pipe*	prena
piga	kk	*prick*	prena
pigellas	ll	*use a pick*	anella
pilya	ll	*peel*	ponya
pisa	ss	*urinate*	prena
pistylla	ll	*spout*	anella
plagya	kk	*plague*	argya
plansa	ns	*plant*	
plastekhe	hah	*plasticise*	berrhe
plastra	str	*plaster*	hwithra
plattya	tt	*crouch*	
playnya	nn	*plane*	ponya
pledya	tt	*plead*	ponya
plegya	kk	*bend*	
plentya	nt	*plead a case*	ponya
plesya	ss	*please*	ponya
pletha	tth	*plait*	prena
pliskenna	nn	*shell*	lenna
plontya	nt	*propagate*	ponya
plosegi	kk	*get dirty*	perghenegi
plowghya	ggh	*make a splash*	ponya
pluva	ff	*grow feathers*	prena
plynchya	nch	*flinch*	ponya
pobas	pp	*bake*	
pobla	ppl	*populate*	hwithra
pochya	cch	*trample wet soil*	ponya
podredha	tth	*bruise*	prena
pokya	kk	*poke*	prena
polsa	ls	*pulsate*	prena
poltra	ltr	*sprinkle with dust*	hwithra
pompya	mp	*pump*	ponya
ponegi	kk	*pollinate*	perghenegi
ponya	nn	*run*	

porghella	ll	*farrow*	anella
porposya	ss	*purpose*	ponya
portraya	ay	*portray*	prena
posa	ss	*lean*	prena
posna	ssn	*poison*	hwithra
postya	st	*post*	ponya
potha	tth	*heat*	prena
pothhe	hah	*heat*	berrhe
potya	tt	*kick*	ponya
powes	ss	*rest*	
poyntya	nt	*point*	ponya
praktisya	ss	*practise*	ponya
praysya	ss	*praise*	ponya
prederi	rr	*think*	
predheges	kk	*rant*	meneges
pregoth	tth	*preach*	
prena	nn	*buy*	
prenassa		*go shopping*	
prenna	nn	*bolt*	lenna
previ	ff	*prove*	
preydha	tth	*prey on*	prena
pria	ri	*daub*	afia
prisonya	nn	*imprison*	ponya
prisya	ss	*price*	ponya
professya	ss	*profess*	ponya
profosa	ss	*prophesy*	prena
profya	ff	*offer*	ponya
prosternya	rn	*lay low*	ponya
provia	vi	*supply*	afia
prydydhi	tth	*compose poetry*	adhvesi
pryntya	nt	*print*	ponya
pryvessa		*hunt vermin*	*verbal noun – see prenassa*
purhe	hah	*purify*	berrhe
purjya	cch	*purge*	ponya
pusornas	rn	*bundle together*	prena
pychya	cch	*stab*	ponya
pyffya	ff	*puff*	ponya
pylla	ll	*plunder*	anella
pyltya	lt	*pelt*	ponya
pynchya	cch	*pinch*	ponya
pynna	nn	*pin together*	lenna
pysi	ss	*pray*	
pyskessa		*fish*	*verbal noun – see prenassa*
pystiga	kk	*harm*	kastiga

pystria	ri	*work magic*	afia
pywa	wv	*own*	
rakana	nn	*rake*	
rambla	mpl	*waddle*	tava[2],restra[3]
ranna	nn	*share*	
raska	sk	*plane*	tava[2], lesta[4]
rastella	ll	*grill*	anella
ratha	tth	*scrape*	tava
rathella	ll	*grate*	anella
ravna	ffn	*plunder*	tava[2], restra[3], lesta[4]
ravshya	ffs	*entrance*	argya
raynya	yn	*rein*	ponya
rebellya	ll	*rebel*	skollya
receva	ff	*receive*	prena
redya	tt	*read*	
rekna	kkn	*reckon*	hwithra
rekordya	rt	*record*	ponya
remova	ff	*remove*	prena
renka	nk	*arrange in order*	prena
renki	nk	*snore*	ygeri
res		*be necessary*	*defective*
resa	ss	*set in line*	prena
resek	ss	*run*	prena
resna	ss	*reason*	hwithra
resonhe	hah	*rationalise*	berrhe
restra	str	*arrange*	
resya	ss	*need*	ponya
reudhi	tth	*upset*	beudhi
revya	ff	*row*	ponya
rewi	w	*freeze*	adhvesi
rewlya	ll	*rule*	ponya
reynya	nn	*reign*	ponya
ri	ll	*give*	
ridra	ttr	*sift*	hwithra
rimya	mm	*rhyme*	ponya
riva	ff	*number*	prena
rogha	ggh	*grunt*	prena
rolya	ll	*roll*	ponya
ronsona	nn	*ransom*	prena
rosella	ll	*rotate*	anella
roskisya	ss	*roller skate*	ponya
rostella	ll	*skate board*	anella
rostya	st	*roast*	ponya[1], lesta[4]
rosya	ss	*stroll*	ponya

routya	tt	*direct*	ponya
rudhya	tth	*redden*	ponya
rutya	tt	*apply friction*	ponya
rynni	nn	*shiver*	faglenni
rythhe	hah	*set free*	berrhe
sadronenni	nn	*buzz*	faglenni
sagha	ggh	*put into a bag*	tava
sakra	kkr	*consecrate*	tava[2], restra[3], lesta[4]
sakrifia	i	*sacrifice*	afia
salla	ll	*salt*	dalla
salusi	ss	*salute*	adhvesi
sampla	mpl	*sample*	tava[2], restra[3]
sanshe	hah	*sanctify*	berrhe
savonegi	kk	*standardise*	perghenegi
sawra	rr	*taste*	prena
sawya	w	*rescue*	ponya
seboni	nn	*soap*	adhvesi
sedhi	tth	*sink*	adhvesi
segha	ggh	*dry*	
segi	kk	*soak*	adhvesi
selwel	lw	*save*	gelwel
selya	ll	*base*	ponya
sempelhe	hah	*simplify*	berrhe
seni	nn	*sound*	
serghi	rgh	*cling*	
serri	rr	*be angry*	terri
serthi	rth	*rise straight up*	adhvesi
servya	rf	*serve*	ponya
sesa	ss	*sequestrate*	prena
sesya	ss	*seize*	ponya
settya	tt	*set*	
sevel	ff	*stand*	
sevia		*pick strawberries*	*verbal noun – see prenassa*
sewajya	cch	*relieve*	ponya
seweni	nn	*succeed*	
sewya	w	*follow*	
shackya	ck	*shake*	ponya
shamya	mm	*shame*	ponya
shapya	pp	*shape*	ponya
shyndya	nt	*injure*	ponya
si	i	*hanker*	afia
sia	i	*buzz*	afia
sidhla	tthl	*filter*	hwithra
sina	nn	*sign*	prena

sinella	ll	*signal*	anella
sinya	nn	*indicate*	ponya
skafhe	hah	*alleviate*	berrhe
skaldya	lt	*scald*	ponya
skapya	pp	*escape*	ponya
skattra	ttr	*scatter*	tava[2], restra[3]
skeri	rr	*skim*	adhvesi
skesya	ss	*skate*	ponya
skethenna	nn	*shred*	lenna
skethra	tthr	*prune*	hwithra
skeulya	ll	*climb a ladder*	ponya
skeusi	ss	*get away quickly*	
skia	i	*ski*	afia
skila	ll	*be the cause of*	prena
skitya	tt	*inject*	ponya
sklandra	ntr	*slander*	tava[2], restra[3]
sklewya	w	*shelter*	ponya
skolkya	lk	*skulk*	ponya
skollya	ll	*waste*	
skombla	mpl	*defecate (animals)*	restra[3]
skonya	nn	*refuse*	
skoodhya	tth	*support*	ponya
skorjya	rch	*scourge*	ponya
skornya	rn	*mock*	ponya
skorya	rr	*score*	ponya
skrambla	mpl	*scramble*	restra
skravinyas	nn	*scratch*	ponya
skrifa	ff	*write*	
skrija	cch	*cry out*	
skrutha	tth	*shudder*	prena
skrynkya	nk	*grimace*	
skubya	pp	*sweep*	
skuberya	rr	*sweep*	ponya
skwardya	rt	*tear*	argya
skwattya	tt	*crush*	ponya
skwirglassya	ss	*stereotype*	ponya
skwitha	tth	*tire*	prena
skwithhe	hah	*tire*	berrhe
skwychya	cch	*switch*	
skylla	ll	*sprout*	anella
skyrmya	rm	*fence with swords*	ponya
skyrra	rr	*splinter*	gorra
slockya	ck	*entice*	ponya
slynkya	nk	*slide*	ponya

sodha	tth	*hold office*	prena
sodra	ttr	*solder*	hwithra
sokra	kkr	*help*	hwithra
solempnya	pn	*celebrate*	ponya[1], restra[3]
somma	mm	*sum*	kromma
sommys	ss	*flit*	kromma
sona	nn	*bless*	prena
sopya	pp	*sup*	ponya
sordya	rt	*arise*	ponya
sortya	rt	*sort*	ponya
sostena	nn	*sustain*	prena
souba	pp	*soak*	prena
soubenna	nn	*break bread*	lenna
sowdhanas	nn	*suprise*	
sowlenna	nn	*thatch*	lenna
sowsnekhe	hah	*anglicise*	berrhe
spadha	tth	*castrate*	prena
spala	ll	*fine*	tava
sparya	rr	*spare*	argya
spavenhe	hah	*lull*	berrhe
spedya	tt	*succeed*	ponya
spena	nn	*spend*	prena
spitya	tt	*spite*	ponya
splanna	nn	*shine*	
splannhe	hah	*make bright*	berrhe
spongya	nk	*sponge*	ponya
sportya	rt	*sport*	ponya
spralla	ll	*inhibit*	dalla
staga	kk	*tether*	tava
stakena	nn	*stake*	prena
stampya	mp	*stamp*	ponya
stankya	nk	*trample*	argya
starkhe	hah	*fixate*	berrhe
statya	tt	*convey an estate*	argya
sterenni	nn	*sparkle*	faglenni
stervya	rf	*die of cold*	ponya
steuvi	ff	*warp*	beudhi
stevnikhe	hah	*palatise*	berrhe
stevya	ff	*hasten*	ponya
stifa	ff	*squirt*	prena
stiwenna	nn	*slap*	lenna
stlevi	ff	*lisp*	adhvesi
stoffya	ff	*stuff*	ponya
stoppya	pp	*stop*	ponya

stoutya	tt	*become proud*	ponya
strechya	cch	*stretch out time*	ponya
streylya	ll	*curry a horse*	ponya
strivya	ff	*strive*	ponya
striwi	w	*sneeze*	adhvesi
strolya	ll	*make untidy*	ponya
stronka	nk	*befoul water*	prena
strotha	tth	*constrict*	prena
studhya	tth	*study*	ponya
stumma	mm	*turn*	kromma
styckenna	nn	*stake*	lenna
styrya	rr	*explain*	ponya
stywya	w	*stew*	ponya
sugna	kkn	*suck*	hwithra
sugra	kkr	*sugar*	hwithra
surhe	hah	*ensure*	berrhe
swaysya	ss	*swing*	ponya
sygera	rr	*ooze*	prena
synsi	ns	*hold*	
synthesya	ss	*synthesise*	ponya
tackya	ck	*clap*	argya
tackya	ck	*nail*	argya
taga	kk	*choke*	tava
takla	kl	*furnish*	tava[2], restra[3], lesta[4]
talsogha	ggh	*dumb down*	prena
talvesa	ss	*value*	prena
tanbellenna	nn	*bomb*	lenna
tanna		*take*	*defective*
tanowhe	hah	*attenuate*	berrhe
tanta	nt	*woo*	prena
tardha	rth	*explode*	
tardra	rtr	*bore a hole*	tava[2], restra[3]
tarenna	nn	*thunder*	lenna
tastya	st	*taste*	ponya
tava	ff	*touch*	
tavella	ll	*probe*	anella
tavethli	tthl	*broadcast*	adhvesi
tavosa	ss	*scold*	prena
teghes	ggh	*flee*	gweles
tekhe	hah	*beautify*	berrhe
telli	ll	*make holes*	kelli
telori	rr	*warble*	adhvesi
telynnya	nn	*play a harp*	brennya
tempra	pr	*tame*	restra

temptya	mpt	*tempt*	ponya
tenki	nk	*destine*	ygeri
tenna	nn	*pull*	
terghi	rgh	*wreathe*	erghi
terghya	rgh	*rootle*	ponya[1], tava[2]
teri	rr	*insist*	adhvesi
terlentri	ntr	*shine*	
terri	rr	*break*	
terva	rf	*make a tumult*	prena
tesa	ss	*warm in the sun*	prena
teudhi	tth	*melt*	krysi
tevi	ff	*grow*	
tewedha	tth	*weather*	prena
tewel	w	*keep silent*	
tewhe	hah	*fatten*	berrhe
tewlel	wll	*throw*	erghi
tewlhe	hah	*darken*	berrhe
ti	i	*roof*	afia
ti	ll	*swear*	
tia	i	*swear*	afia
tira	rr	*land*	prena
tirhe	hah	*land*	berrhe
tochya	cch	*touch*	ponya
tolla	ll	*deceive*	anella
tolli	ll	*levy tax*	kryghylli
tomma	mm	*warm*	kromma
tommhe	hah	*warm*	berrhe
tontya	nt	*be cheeky*	ponya
tonya	nn	*intone*	ponya
tormentya	nt	*torment*	ponya
tosa	ss	*knead*	prena
tothya	tth	*speed*	ponya
towlenna	nn	*program*	lenna
travalya	ll	*walk far*	argya
traynya	nn	*entice*	ponya
trayta	tt	*betray*	prena
trebuchya	cch	*trip*	ponya
tredanhe	hah	*electrify*	berrhe
treghi	ggh	*cut*	
trehweles	ll	*upset*	dehweles
tremena	nn	*pass*	prena
trenkhe	hah	*acidify*	berrhe
trenya	nn	*train*	ponya
tresa	ss	*trace (on paper)*	prena

tresorya	rr	*treasure*	ponya
trestya	st	*trust*	ponya[1], lesta[4]
tresya	ss	*trace*	ponya
tretha	tth	*cross water*	prena
trettya	tt	*trample*	ponya
treusi	ss	*cross*	beudhi
treusperthi	rth	*transfer*	adhvesi
trevasa	ss	*harvest*	prena
trevelhe	hah	*urbanise*	berrhe
trevesiga	kk	*settle (on land)*	kastiga
trewa	w	*spit*	prena
treylouba	pp	*stir*	prena
treylya	ll	*turn*	ponya
treynya	nn	*hang back*	ponya
tria	i	*try (in court)*	afia
triga	kk	*dwell*	
trihornegi	kk	*triangulate*	perghenegi
tristhe	hah	*sadden*	berrhe
trobla	ppl	*trouble*	hwithra
troghya	ggh	*immerse*	ponya
tromma	mm	*exacerbate*	kromma
trosella	ll	*pedal*	anella
trosya	ss	*trudge*	ponya
trotha	tth	*infuse*	prena
trovya	ff	*find*	ponya
troyllya	ll	*spin around*	skollya
trufla	ffl	*trifle*	hwithra
tryghi	ggh	*be victorious*	adhvesi
tuedha	tth	*tend*	prena
tyas	ss	*use 'ty' to someone*	prena
tybi	pp	*think*	
tyckya	ck	*tick*	ponya
tyldya	lt	*pitch a tent*	ponya
tyli	**	*pay, owe*	
tynkyal	ll	*tinkle*	tava
tynnhe	hah	*tighten*	berrhe
tythya	tth	*hiss*	ponya
ughelhe	hah	*heighten*	berrhe
unverhe	hah	*agree*	berrhe
unya	nn	*unite*	ponya
ura	rr	*grease*	prena
usa	ss	*yell*	prena
uskishe	hah	*accelerate*	berrhe
usya	ss	*use*	ponya

uvelhe	hah	*humble*	berrhe
uvla	vl	*obey*	prena
varya	rr	*vary*	ponya
venjya	nch	*avenge*	ponya
venymya	mm	*poison*	ponya
viajya	cch	*journey*	ponya
votya	tt	*vote*	ponya
warya	rr	*beware*	ponya
wolkomma	mm	*welcome*	
yaghhe	hah	*cure*	berrhe
yes	ss	*confess*	prena
yeuni	nn	*yearn*	krysi
yewa	w	*yoke*	prena
yeynella	ll	*refrigerate*	anella
yeynhe	hah	*cool*	berrhe
ygeri	rr	*open*	
y'm beus	**	*have*	
ympya	mp	*graft*	ponya
ympynnya	nn	*think oneself*	brennya
ynia	i	*urge*	afia
ynkleudhyas	tth	*bury*	ponya
ynkressya	ss	*increase*	ponya
yntirya	rr	*inter*	ponya
ynysega	kk	*insulate*	kastiga
yowynkhe	hah	*rejuvenate*	berrhe
yrhe	hah	*freshen*	berrhe
yskynna	nn	*ascend*	
ystyn	nn	*extend*